爆品创新

新时代爆品打造法

姚萍 雷虹 萨米尔 ——著

中国铁道出版社有限公司

CHINA RAILWAY PUBLISHING HOUSE CO., LTD.

北京

图书在版编目(CIP)数据

爆品创新:新时代爆品打造法/姚萍,雷虹,萨米尔
著. —北京:中国铁道出版社有限公司,2023.7
ISBN 978-7-113-30015-9

Ⅰ.①爆… Ⅱ.①姚… ②雷… ③萨… Ⅲ.①网络营销
Ⅳ.①F713. 365. 2

中国国家版本馆 CIP 数据核字(2023)第 040257 号

书　名:**爆品创新——新时代爆品打造法**
　　　　BAOPIN CHUANGXIN:XINSHIDAI BAOPIN DAZAOFA
作　者:姚　萍　雷　虹　萨米尔

责任编辑:马慧君　　　编辑部电话:(010)51873005　　　电子邮箱:zzmhj1030@163. com
编辑助理:荆然子
封面设计:宿　萌
责任校对:刘　畅
责任印制:赵星辰

出版发行:中国铁道出版社有限公司(100054,北京市西城区右安门西街8号)
网　　址:http://www. tdpress. com
印　　刷:河北宝昌佳彩印刷有限公司
版　　次:2023 年 7 月第 1 版　2023 年 7 月第 1 次印刷
开　　本:710 mm×1 000 mm 1/16　印张:11.75　字数:158 千
书　　号:ISBN 978-7-113-30015-9
定　　价:59. 00 元

如今，市场的不确定性越来越大，而应对这种不确定性的一个很好的方法就是回归商业本质，打造真正受用户欢迎的爆品。例如，用户购买空气净化器，主要是为了呼吸新鲜空气，此时企业就应该满足用户的需求，推出净化能力更强的空气净化器，使其成为爆品。

将产品打造成爆品，不仅可以让销售速度加快，还可以提升企业的影响力和知名度，为企业带来更多效益。爆品的作用是巨大的，所以业内对此已经有共识——现在是爆品更容易生存的时代。身处这样的时代，企业要想在一众竞争者中脱颖而出，唯有不断推陈出新，打造爆品，这样才能吸引用户的注意力，在市场中占据一席之地。

越来越多的企业意识到打造爆品的重要性。但打造爆品并非易事，成功者更是屈指可数，甚至有些企业花费了大量的时间与精力打造爆品，最后却没有产生任何效果。之所以会如此，主要是因为这些企业没有真正领悟打造爆品的真谛，也没有掌握足够实用的爆品打造方法论。

在爆品时代，了解如何打造爆品，并顺利解决打造爆品过程中遇到的问题是企业应该认真思考的核心点。企业要想做好这项工作，除了严格把控产品的质量外，还需要深入挖掘用户的想法和需求，从源头改进设计理念，使产品更个性化。

对于企业来说，打造爆品更需要创新经营理念，树立"质量为先，信誉至上"的核心价值观，同时提高企业竞争力，努力研发高质量产品，打造超级品牌。另外，企业也要重视营销工作，争取让爆品的影响力扩大，推动其销量不断提升。

　　本书介绍了多个经典案例和多款新兴爆品，对于想要在爆品打造和营销方面有所提高的读者来说，本书具有极强的借鉴意义。无论是经验丰富的人，还是缺少经验的新人，都可以读懂本书，从中挖掘到具有参考价值的理论知识和实践经验，帮助顺利打造出与众不同的爆品。

下篇　规划营销方案

上篇

打造极致爆品

第一章

爆品战略： 超级 IP 时代的
生存指南

市场环境充满了不确定性，企业发展机遇与风险并存。企业应该如何抓住机遇，获得更好的发展呢？很多企业已经意识到，在竞争激烈的市场中，唯有推出优质产品才能站稳脚跟，于是打造爆品成为很多企业谋求生存与发展的必然选择。

第一节 爆品是企业发展的 "油门"

爆品是企业发展的"油门",一家企业拥有了一款在消费者中引起强烈反响的产品,就很容易在市场中占据一席之地,并以此为基础获得更好的发展。

一、思考: "爆品理论" 有道理吗

我们首先要知道爆品是什么?从一定意义上来说,爆品其实是让用户和企业产生"化学反应"的产品。就像提到小米,人们会想到手机;提到肯德基,人们会想到炸鸡;提到美的,人们会想到极具科技感的家电产品一样。这些都是典型案例。

随着互联网的不断发展,再加上爆品的价值已经显现出来,业内便出现了"爆品理论",即只有打造出爆品的企业,才有可能在市场中生存下来并得到发展。那么,这样的观点有道理吗?其实是有一定道理的,毕竟依靠爆品获得成功的企业不在少数。

例如红牛的销售额累计达到上千亿元;王老吉的销量一度超过可口可乐;仅2022年"618购物节"期间,某公司就卖出近700万部手机。这些案例都体现出爆品对企业的重要性。

从长期而言,爆品的战略价值有两个。

第一，成就品类权威。

有了爆品，企业就能以爆品为切入点，成为某种品类的权威。这样当用户想购买这种品类的商品时，就会立刻想到企业打造的爆品。例如，元气森林瞄准苏打气泡水这一品类，成为该品类的佼佼者，吸引了一大批追求低糖、低脂、低卡的购买者。

第二，打造强势品牌。

企业和爆品可以相互成就。首先，成功的企业会以爆品为切入点，通过爆品让用户形成对品牌的认知；其次，品牌持续推出爆品，让爆品真正受到用户的欢迎和认可；最后，爆品能够进入用户的内心，在一定程度上影响用户的消费选择。

因此，打造爆品的战略价值之一，就是培养一个强势品牌。例如，L 品牌凭借半成品拉面这款爆品，让自己成为一个强势品牌，接着又陆续推出多种不同口味的拉面。当然，这些爆品都受益于这个强势品牌的"滋养"，而该品牌也借助这些爆品打造了完整的商业版图，获得了业绩增长。

从可行性上来讲，在工业化时代，是品牌带动产品发展，而现在却是产品带动品牌发展。企业先把一款产品"引爆"，使其成为真正的爆品，再顺势推出一系列新爆品，达到"由点带面"的效果。这样可以使企业更好地适应多变的市场环境。

二、 爆品究竟是什么模样

现在消费格局正在发生变化，一些小众品牌依靠爆品脱颖而出，抢占了细分领域第一的位置。这些细分、垂直的小众品牌迅速走红，走进消费者的视野，借助爆品实现了从 0 到 1 的发展。其他企业可以从这些小众品牌打造的爆品中找到共性（如图 1-1 所示），并以此为基础打造属于自己的爆品，助力自己迅速"出圈"。

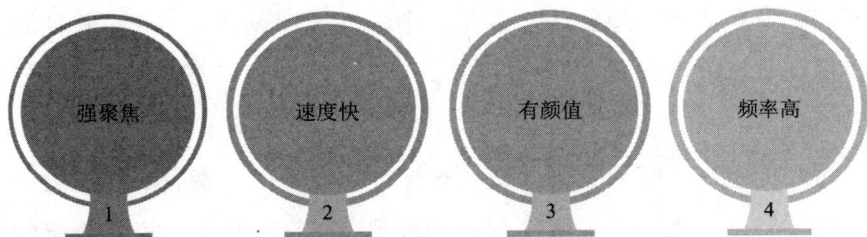

图 1-1 爆品的四大共性

1. 强聚焦

爆品往往聚焦于某种品类，以迅雷不及掩耳之势实现销售业绩暴涨。例如，探迹科技就一直专注于研发智能销售预测系统，其所聚焦的是获客需求，即通过提供从线索挖掘、商机触达、用户管理到成单分析的全流程销售解决方案，帮助各大企业吸引用户、提高销售效率。

对于一些中小型企业来说，聚焦是十分重要的。因为大型企业虽然掌握着更多资源，但也很难"一手遮天"，在很多细分领域做得不一定比小型企业好。由此可见，中小型企业只要选中一个合适的细分领域不断聚焦，还是有机会和巨头抗衡的。

2. 速度快

通过研究爆品的底层逻辑，我们可以发现，大多数企业打造爆品的速度都非常快（大约 2 年）。在这个过程中，爆品会实现快速传播和迭代。例如，某烘焙食品公司于 2017 年成立，用了不到 1 年的时间便有了自己的爆品；2017 年成立的某科技公司推出爆品的速度则更快。这些品牌在短期内完成了从 0 到 1 的蜕变，依靠爆品实现了销售奇迹。

3. 有颜值

某设计专家曾经说："购物的客人在经过货架前，让商品映入眼帘的时间只有 0.2 秒。想要让顾客在这个瞬间惊叹一声'哇!'并且愿意驻足停留,那就必须靠抢眼的包装。"包装的颜值是产品的视觉语言,消费者对产品第一印象的好坏通常取决于产品包装颜值的高低。

爆品的包装一定要有高颜值,这样才可以吸引消费者的注意力。而对于科技类产品来说,高颜值则意味着漂亮的交互页面、极具美感的开屏动画、精心设计的图标等,最好可以产生令人惊艳叫绝的效果,甚至有让人想立刻下载使用的冲动。

4. 频率高

通常能让消费者多次购买并使用的产品,更容易成为爆品。如果产品只能让消费者购买一次或者消费者很长时间才会复购,那么这个产品就很难成为爆品。例如,微信可以满足人们对社交的需求,让人们随时随地与亲朋好友沟通,了解他们的近况。社交是人们每天都离不开的事,而微信自然会被多次使用。

总之,时代在不断发展,各式各样的产品让消费者眼花缭乱,那些没有突出特点、功能一般的产品已经很难满足消费者的需求,也无法成为爆品。那些能让消费者拍案叫绝,让消费者眼前一亮的产品,更能吸引消费者,成为真正受消费者欢迎的爆品。

所以企业在选择自己要生产的产品时,尽量选择能够让消费者眼前一亮并产生惊喜的产品。这样的产品才具备爆品基因,才能更快地获得消费者和市场的青睐。

三、 蜜雪冰城是如何成为爆品的

近年来,网红经济十分火热,借此机会,许多新式产业发展起来,时尚茶饮行业更是其中的佼佼者。在各个城市中,只要有商业街存在,尤其是有大量年轻人聚集的商业街上,往往就会有许多奶茶店的身影。

随着网红品牌不断涌现,原本每杯均价五六元的奶茶,现在能够卖到二三十元，却仍然受到众多消费者的追捧。在此形势下，平价茶饮品牌蜜雪冰城突出重围。刷爆网络的蜜雪冰城迅速占领消费市场，成功成为"新晋网红"。那么，蜜雪冰城究竟是如何取得如此亮眼的成绩的？我们可以从以下几个方面进行分析。

1. 瞄准品类定位，抢占细分市场

饮料市场的发展日新月异，消费者的需求及消费趋势也不断发生着变化。当前，市场竞争环境繁杂、市场竞争激烈，清晰的品牌定位能够帮助消费者对品牌产生更加深刻的印象，使消费者能够提高复购率。例如，奈雪的茶品牌定位为"茶 + 软欧包"，喜茶定位为"芝士现泡茶"，茶颜悦色将茶饮与古风文化结合起来等。蜜雪冰城也有着清晰的品类定位，即"冰激凌与茶"，与市场中的其他品牌形成明显的区分。

在明确品类定位后，蜜雪冰城持续发力，将品牌营销、形象设计、品牌战略等系统结合起来，打造超级品牌。随着越来越多的品牌涌入新式茶饮的市场中，只有瞄准品类定位，在现有品类中进行大胆创新，才能在竞争激烈的市场中获得一席之地。

2. 坚持产品战略，突出竞争优势

在产品战略上，蜜雪冰城始终坚持"高质低价"的市场定位，瞄准下沉市场，使用直白且"接地气"的广告语进行营销，以平均 4 ~ 8 元一杯饮品的价格与当前市场中价格昂贵的茶饮品牌形成鲜明的对比。

"消费升级"的风气席卷而来，在各大品牌纷纷通过提价策略彰显产品品质时，蜜雪冰城坚守低价策略，并向消费者直观展示出自身产品所用的原材料，在通过低价吸引到消费者的同时，利用产品品质留存消费者，提高消费者的复购率。

蜜雪冰城专注于"冰激凌与茶"的品类定位，在此基础上打造出物美价廉的品牌爆款产品摇摇奶昔、雪王圣代、冰鲜柠檬水等，受到广

大消费者的一致好评。

3. 通过视觉符号抢占消费者的注意力

消费者除了注重产品的质量以外，也关注产品的颜值。因此，企业必须让产品变得更"美"，才能引发消费者的共鸣。

在形象设计上，蜜雪冰城充满创造性地对品牌名"蜜雪冰城"中的"城"字进行衍生，将品牌比作冰雪王国，更进一步创造出超级IP——雪王（具体形象如图1-2所示）来作为品牌形象的代表。不管是线上营销，还是线下门店设计，处处都有雪王的身影。

图 1-2　蜜雪冰城的形象设计

极具独创性和趣味性的设计恰好满足了年轻消费群体的需求，与他们崇尚个性、追求乐趣、热爱潮流的特点十分契合。更重要的是，这一形象设计不仅成为蜜雪冰城的标志，还彰显出其品牌态度，使其成功获得了优先进入消费者购物清单的机会。

4. 多角度探索营销新路径

在营销上，蜜雪冰城展现出强大的创新能力。例如，蜜雪冰城紧跟时代潮流，与小红书、微博、抖音、快手等社交平台上的网红博主合作，让这些博主试喝产品并推荐，推动销量实现爆发式增长，同时借助这些博主获得了一批又一批流量。

另外，蜜雪冰城还充分利用了"雪王"这一品牌超级 IP，打造独有的视觉系统，不管是产品包装还是门店装潢等，都通过对这一 IP 的运用形成互动。由此，蜜雪冰城成功与消费者建立起情感联系，为产品带来稳定的受众群体。

在线上营销领域，蜜雪冰城紧紧抓住作为茶饮品牌主流消费群体年轻人的目光，创作出独具特色的主题曲，将"你爱我，我爱你，蜜雪冰城甜蜜蜜"这句朗朗上口的歌词，与"魔性"又脍炙人口的曲调结合起来，一时间在互联网上形成了"病毒式"的传播，刷爆网络，圈粉无数。

为了吸引更多消费者，持续扩大品牌声量，蜜雪冰城在主攻线上营销的同时，也没有放弃线下营销渠道。从门店视觉设计、装修、品牌管控、人员培训到色彩应用、品牌 IP 等，蜜雪冰城将产品定位深深根植于消费者心中。

以上就是蜜雪冰城可以打造出爆品的四个主要原因。企业在打造爆品时，可以参考蜜雪冰城的做法，以便为自己积累更多成功的实践经验。

第二节　爆品背后的底层逻辑

如何打造爆品是令很多企业都苦恼的问题，要解决这个问题，有三个方法：推出热门话题，引爆关注度；实现用户到粉丝的转化；通过流量池实现商业转化。

一、 推出热门话题， 引爆关注度

打造爆品，一定要有话题。如果没有人对产品进行讨论，那么这个产品就会在激烈的市场竞争中沉寂下去。所以，企业要制造话题进行产品宣传与推广，以便让更多消费者关注产品，并让产品在消费者心中留下好印象。

2022 年 6 月，奶酪品牌妙可蓝多抓住了儿童节这一热点，发起 "'益'起成长不设限"话题活动，进一步强化自己与消费者之间的联系。此次活动让妙可蓝多成功"出圈"，获得诸多消费者的关注和赞赏。从此次活动中，我们可以总结出以下几个要点。

1. 放弃固化营销思维， 开创新玩法

有些家长在管理孩子时总是过于谨慎和严格，希望孩子时时刻刻都要按照大人的意愿做事。而妙可蓝多则不走寻常路，借助"'益'起成长不设限"话题活动鼓励家长适当放手，让孩子自己去探索自然，并支持孩子对未来拥有多元化的梦想。

妙可蓝多定制了以"不设限"为主题的海报，包括"学习不设限""梦想不设限""爱好不设限""探索不设限""健康不设限""美味不设限"等。这些场景化的海报再结合"'益'起成长不设限"话题活动，使妙可蓝多成为家长注意的品牌之一。

2. 引导消费者参与 H5 互动， 产出原创内容

妙可蓝多将线上渠道与线下渠道打通，在线下举办 H5（HTML5，是构建 Web 内容的一种语言描述方式）互动活动，消费者只要扫描海报上的二维码就可以参加活动。参加活动的消费者可以和自己的孩子共同创作内容，与他人分享孩子成长过程中的美好时刻。通过这样的方

式，妙可蓝多产出了很多原创内容，让家长和孩子沉浸在温暖、和谐的亲子氛围里，也使家长明白让孩子独立探索世界的重要性。

3. 传递营养理念，发挥 KOL 效应

妙可蓝多在"'益'起成长不设限"话题活动期间推出两大新品：金装奶酪棒、金装奶酪片。并邀请具有一定影响力的 KOL（Key Opinion Leader，"关键意见领袖"）、注册营养师、育儿博主等为新品宣传。

儿童成长是广大家长都非常重视的话题，妙可蓝多用优秀的品牌形象巩固市场地位，通过话题活动吸引消费者，使儿童节这一热点的价值充分发挥出来。再加上与众不同的营销方法，妙可蓝多传播了它的理念，引发家长对孩子成长的思考。

通过妙可蓝多的案例，我们可以知道，如果企业能在社会上引起轰动，制造传播话题，就会获得更多曝光，在消费者的心中留下深刻的印象，从而进一步促进产品销售。但需要注意的是，在制造话题或设计话题活动时，对话题进行谨慎挑选是很重要的。

话题必须是正面的，产品宣传不能起消极作用，不能损害产品在消费者中的口碑。所以，企业选择的话题一定要积极向上、传播正能量，这样才可以让消费者对产品有更强烈的好感，从而进一步为产品树立良好形象。

二、 实现用户到粉丝的转化

爆品打造需要运用粉丝思维，即如果企业可以将用户转化为粉丝，那么营销过程会非常顺利。粉丝思维是一种营销手段，是将粉丝作为爆品营销中的核心和重点。企业运用这种思维，就能够将营销的重点分散，平衡好产品和用户之间的关系，最终为营销提供助力。以某新兴健身服装品牌为例，它就致力于将用户转化为粉丝，打造强大的粉丝群体。

目前在一些社交平台上，该品牌的粉丝总量已经达到上千万。那么，它具体是如何做的呢？可以从以下几个方面入手分析。

（1）品牌与有影响力的 KOL 开展长期合作，让 KOL 激发粉丝的购买欲望，引导粉丝关注企业社交账号。此外，KOL 还会穿着品牌的服装拍摄视频，并将视频发布在社交平台上，以便让更多用户看到甚至购买产品。

（2）在社交平台上展示品牌活动，还会通过视频分享一些杰出人物背后的感人故事，并在视频中添加主题内容，鼓励粉丝订阅相关频道。在营销过程中，品牌一直努力保持信息的透明度，希望与粉丝产生共鸣并建立足够的信任。

（3）对于粉丝在社交平台上的留言和评论，品牌迅速响应，尽可能多与粉丝互动。而且，充分利用粉丝反馈推动产品传播，并鼓励粉丝将产品推荐给亲朋好友，从而达到"一传十、十传百"的滚雪球效应。

（4）在社交平台上，品牌每天都会分享运动员的健身照片，并鼓励那些喜欢健身的粉丝参与互动。品牌还建立了群组，所有粉丝都可以在群组里分享自己的健身趣事和健身问题，并从其他粉丝分享的内容中获得启发。

（5）在社交通信工具上，品牌会发布带有主题标签的帖子，如"元气满满的周一""周二畅想"等。每个帖子也都会附上与文字内容相关的图片或视频。

该品牌从优质、用户多的社交平台入手，通过这些社交平台让产品触达粉丝，与粉丝建立强联系。此举使品牌取得了很好的宣传效果，而且只需要很低的营销成本。当然，这些成绩的取得与品牌运用的粉丝思维是分不开的。

所以，企业要想打造现象级爆品，就应该在营销过程中重视粉丝的价值和作用，运用粉丝思维对产品进行宣传和推广，并与粉丝亲密互动，使粉丝成为爆品的忠实购买者。

三、 通过流量池完成商业转化

对于互联网时代的企业来说，流量商业转化十分重要，能给企业带来更多利益。企业在运用这一思维时，需要抓住"流量"和"商业转化"这两个关键点。

大部分产品在成为爆品前，会积蓄巨大的流量，这些流量会为其商业转化提供基础。但如何将这些流量做商业转化就成为企业必须认真思考的重要问题。

互联网时代，用户都在追求与众不同，用户的个性化需求越来越强烈。所以，利用个性化需求进行流量商业转化的方法是合理的，而且存在巨大的发展空间。既然流量商业转化思维在爆品打造过程中发挥着重要作用，那么企业要如何合理利用这一思维呢？方法如图 1-3 所示。

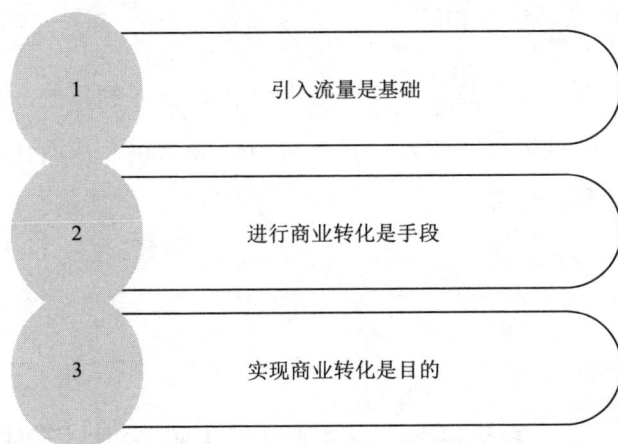

图 1-3 流量思维的三个要点

1. 引入流量是基础
2. 进行商业转化是手段
3. 实现商业转化是目的

1. 引入流量是基础

在流量商业转化思维中，流量作为核心占有重要位置。如果没有足够的流量，即使企业对其进行了商业转化，获得的盈利也是微薄的，不能为打造爆品提供很大帮助。所以，在商业转化过程中，企业要做好流量的引入，只有积累足够的流量，才能获得可观的商业转化效果。

在引入流量的过程中，企业可以借助多种营销手法，如事件营销、痛点营销、衍生营销等，进而产生热点话题，将用户的注意力全部吸引到产品上来。

2. 进行商业转化是手段

只要流量足够，就能够为商业转化提供坚实的基础。在流量商业转化思维中，商业转化对产品的宣传和推广有非常关键的作用。商业转化方式往往是多种多样的，企业要从中选择一种或两种适合自身实际情况的方式进行商业转化，使产品在成为爆品的同时可以产生更多收益。

3. 实现商业转化是目的

在流量商业转化思维中，实现商业转化是企业的目的，企业要时刻牢记这一目的，并紧紧围绕这一目的进行产品营销，从而让产品成为一款可以持续盈利的爆品。

第三节　盈利模式选择：　以高效为标准

除了产品本身外，打造爆品还需选择合适的盈利模式，包括单品模式、免费模式、会员模式等。这些盈利模式能反作用于爆品打造，使产品获得更高的关注度。

一、 单品模式： 聚焦一款产品

企业因为资源有限，所以很难将多款产品都作为主要项目来进行研发和推广。这时，企业就可以聚焦某一款产品，将这款产品进行仔细打磨，努力将其做到极致，从而借助极致单品来树立良好形象。

以苹果公司为例，在手机市场上，苹果公司推出的 iPhone 系列手机被市场和消费者广泛认可。每年苹果公司的新品发布会都会引起强烈反响，但事实上，苹果公司的新品不是只有手机，还有个人电脑、iPad、智能手表等。虽然这些新品也同样受人关注，但关注度明显不如手机。这就是极致单品的强大力量。

还有专注于电池的宁德时代也是很有代表性的案例。宁德时代是全球领先的新能源创新科技公司，在电池材料、电池系统、电池回收等领域有核心技术优势及前瞻性研发布局，致力于电池的研发、生产及销售，希望可以为全球新能源应用提供完善的解决方案。

宁德时代开发了动力电池和储能电池。其中，动力电池包括电芯、模组/电箱与电池包，应用领域涵盖新能源乘用车、新能源商用车，以及其他新能源出行工具等；储能电池包括电芯、模组/电箱与电池柜等，可应用于发电、输配电、用电等领域。

电池作为新能源汽车的核心部件，未来会有广阔的增长空间，其出货量也将迈入"TW·h"时代。宁德时代抓住了汽车行业的新能源化浪潮，推出电池单品策略。此举不仅让宁德时代享受到市场红利，也让宁德时代成为电池领域的佼佼者。

部分人对极致单品的认识有一定的模糊性，例如，有些人将独特的、经典的、具有个性的、经过反复打磨的产品理解为极致单品。事实上，一款真正意义上的极致单品，不仅需要拥有上述特点，还要能够在短时间内创造超出预期的销量。

另外，在后续销售过程中，极致单品也要能够源源不断地成交。由此可见，像苹果公司和宁德时代那样运用极致单品策略打造现象级爆品是可行的。该策略不仅能让产品在行业内成为爆品，还能为企业树立良好的品牌形象，使企业在市场和口碑方面获得双赢。

二、 免费模式： 此免费非彼免费

有些企业在初入市场时，常常会采用免费模式进行产品宣传，以达到迅速占领市场的目的。但有些企业对免费模式存在一定的误解，认为其会在很大程度上增加营销成本，进而降低自身利润。事实上，使用免费模式虽然在短期内会对产品的销售额产生影响，并使得企业的营销成本增加，但从长远来看其实是为了以后更好地赚取收益。

具体来说，在前期，企业使用免费模式可以迅速占领产品所在市场，进一步提升影响力。而到了后期，当产品的影响力越来越强时，企业就可以推出增值服务，即通过为用户提供更高端的产品或服务来赚取一定的费用，进而获得更丰厚的盈利。

特殊时期，字节跳动旗下的一站式协作平台飞书决定提供 3 年免费权益，这些权益包括但不限于：不限时长的音视频会议、不限量的文档与表格创作、不限时长的实时语音沟通、100 GB 的云存储空间等。

很多时候，团队能不能在线上顺利运转起来，在很大程度上是由办公工具决定的。飞书作为很多员工都在使用的办公工具，其整体质量对团队的影响是非常大的。由此，飞书帮助了很多组织，获得了一大批人的支持，可谓名利双收。

还有吉列剃须刀在进入市场之初，也凭借免费模式对产品进行了宣传和推广。当时吉列将剃须刀改造为刀架和刀片分开的形式，并对其进行推广，不过推广效果并不显著。在这种情况下，吉列改变了原来的思路，试着将刮胡刀的刀架作为礼物赠送给消费者。此举让吉列获得了超高的市场份额，剃须刀的销售额也呈现爆发式增长。

免费模式是一种非常有效的营销技巧。在实际操作时，企业可以先将该模式分为三种不同的类型，然后根据自身实际情况选择其中的一种或两种，如图 1-4 所示。

图 1-4　免费模式的三种类型

1. 完全免费

免费模式的一种常见类型是对产品实行完全免费，通俗来说，就是产品的整个销售过程，包括产品的购买、使用和售后等所有环节都对用户免费。但这种模式并非不盈利，而是借助其他服务或者第三方实现盈利。例如，现在有诸多网站，用户在网站上浏览信息时，是完全免费的，用户可以免费获得自己想要的信息和相关服务，而网站通过承接第三方广告获得盈利，即获取广告宣传费用。这是许多网站采用的盈利模式。

2. 限制免费

限制免费又称限免，指的是按照一定的条件对产品进行有限制的免费。一般来说，限制有三种，即时间限定、特征限定、用户数量限定。

时间限定指的是以时间作为限制条件的营销方式，例如"限时免费""5 天内限免"等都属于时间限定。特征限定是指对产品进行划分，将一部分产品进行免费销售，例如，在手机应用主题中，一些简单、基础的主题对用户免费开放，而一些精美的主题对用户收费。用户数量限定是指限定一定数量的用户进行产品的免费购买，如"前 100 名下单的用户可免费获得产品""前 10 名预订产品的用户可获得免费试用资格"等。

3. 捆绑式免费

捆绑式免费是指用户在购买某一产品或者服务时,企业将其他产品或者服务赠送给用户免费试用。以电商销售为例,有些网店经常会推出"买一赠三""买三赠五"的优惠活动,还会在销售主打产品时,将一些小产品作为赠品送出。这样用户就能获得良好的购物体验,就能对网店有更深刻的印象,从而购买更多产品。

在选择免费模式时,企业需要考虑自身的实际情况,以便获得更好的盈利效果。

三、 会员模式: 围绕会员开展工作

会员模式有助于爆品打造,其以会员对企业或品牌的认可为基础。企业可以通过自己与会员之间的强联系来向会员销售产品。可以说,会员模式对于一些想打造爆品的企业来说是适用的。社群和会员模式相关知识如图 1-5 所示。

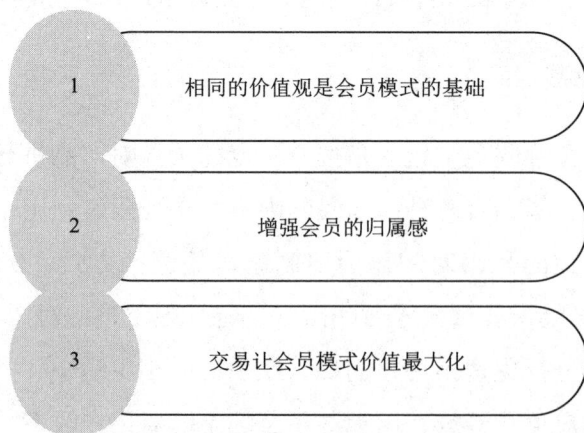

1	相同的价值观是会员模式的基础
2	增强会员的归属感
3	交易让会员模式价值最大化

图 1-5　社群和会员模式相关知识

1. 相同的产品价值观是会员模式的基础

产品价值观是凝聚会员的核心力量，同时赋予会员个性化的标签。会员之间可以一起分享行业前沿知识、拓展思维，购买优质产品或探讨心得体会。这些活动的顺利开展都是以此为前提的。

如果会员之间的产品价值观不同，必定会导致矛盾的发生。因此，会员模式需要会员有相同的产品价值观，而且会员必须对产品产生认同感，这样他们之间的交流和沟通才会更和谐、友好。

2. 增强会员的归属感

归属感是会员模式的一大关键要素。如果会员产生了很强的归属感，那么就能够为企业作出更多贡献，帮助企业发展壮大。同样，企业在使用会员模式时，也需要增强会员的归属感，这样才能使产品获得更好的宣传和推广。

3. 交易让会员模式价值最大化

对于任何商业行为来说，交易都是盈利的重要手段。只有产生交易，企业才能获得可持续性发展。会员在进行交易时，需要遵循一定的规则，否则会扰乱交易秩序，不利于企业的深入发展。产品是否可以成为爆品的衡量标准之一就是销售额。交易能够让产品完成销售，将其转化为销售额，最终使企业获得收益。所以，交易能够使会员模式的价值实现最大化。

第二章

精准定位： 如何迅速找到发力点

设计一款爆品，最先要做的是找到定位，精准发力。在当下这个注重用户体验的时代，多关注用户的想法才是更重要的。只有足够了解目标市场和目标群体，才能成功做出爆品。

第一节　定位离不开 STP 战略

STP 战略是现代市场营销战略的核心，可以帮助企业仔细分析目标市场，找到可以进入的细分市场，成功确定目标群体。

一、第一步：对市场进行细分

要想使一款产品成为爆品，首先需要一个能够接受它的市场。但市场又被细分为多个子市场，这就需要运用 STP 战略了解市场的细分情况，找到比较合适的子市场。

STP 战略中的 S 是 Segmenting 的缩写，意为市场细分；T 是 Targeting 的缩写，意为目标市场；P 是 Positioning 的缩写，意为市场定位。

市场细分是指企业通过前期市场调研，根据消费者的购买需求、购买行为、购买习惯等方面的不同，把产品所对应的市场细分成若干个子市场的过程；目标市场是指在市场细分的基础上，企业根据自己产品的特性、发展状况从中选择出一个或几个目标市场，并针对目标市场采取相应的营销策略；市场定位是指企业针对消费者的购买心理进行产品生产和营销，使产品在消费者心中形成某种深刻的印象，从而取得竞争优势。

市场细分在产品生产和营销中起着非常重要的作用，具体来说，通过调查研究的方法将市场细分，能够帮助企业获得正确方向，避免盲目生产和营销。

首先，市场细分后的子市场一般会比较具体，企业能更方便地了解消费者的需求，便于根据自身实际情况来确定服务对象，找到目标群体，进而有针对性地制定营销策略。

其次，市场细分可以对消费者的购买能力、满意程度等进行更细致的分析与对比，找出利于企业发展的机会，让企业及时确定未来的产品生产方向和发展规划，以便开辟新市场，更好地适应市场变化。

最后，市场细分能够使企业的资源价值得到最大化利用，使企业的产品与目标市场的需求高度契合，使企业获得产品优势，进而占领目标市场，提高经济效益。

总之，通过调查研究将市场细分，能够为打造爆品做准备。产品的策划、研发及生产人员要对这一工作进行深入研究，找到更加合理、有效的市场细分方法。

需要注意的是，市场人员在进行调研时，要将STP战略作为理论指导，找到具体的调研方法。在实际操作中，市场人员要对产品所在市场进行深入调查和研究，发现不同市场之间的联系和区别，从中找出细分市场的依据和标准，为爆品打造奠定坚实基础。

二、 第二步： 选择合适的目标市场

市场被划分为诸多子市场后，企业就要选择一个自己擅长的市场进入。这样能够集中优势资源，充分发挥人力、物力、财力等优势，助力爆品打造。

以今日头条为例，其是一款供人们随时随地查看新闻的手机 App。这款软件能够根据用户的阅读兴趣、所在位置等多个维度来对用户进行个性化的新闻推荐，其推荐的内容多种多样，包括财经、热点、娱乐、科技等多个方面。

人天生拥有好奇心，从外界获取信息是人的本性，也是人的需求。但现在正处于信息爆炸的时代，如何从繁杂的信息中获取有价值的新闻？今日头条就是满足了这一需求，在大数据的精准分析下将信息过滤，提炼出有价值的新闻呈现给用户。

另外，今日头条还具有社交属性，用户可以通过微博、QQ 等社交账号登录今日头条。当用户登录时，今日头条能通过算法分析用户的阅读习惯。当用户点击链接时，今日头条也能更新用户模型，对用户进行精准的内容推荐。

今日头条的成功不仅体现在对用户需求的满足上，还体现在抓住机遇上。今日头条正好在智能手机兴起之际腾飞，智能手机的普及让今日头条搭上了快车，"刷资讯"的产品定位符合智能手机的交互属性，使今日头条成为比较有竞争力的新闻软件。

今日头条的成功，与自身的市场定位是分不开的。今日头条视自己为"新闻界的数据搜索引擎"，帮助用户挑选有价值、受关注的新闻，为用户节省了时间，同时也满足了用户了解国家和社会大事的需求。正是因为进入了正确的细分市场，今日头条才可以在细分市场中生存下来，并有了现在这样亮眼的成绩。

产品是多种多样的，其所对应的市场也多种多样。企业在选择自己要进入的细分市场时，应该重点考虑如何获得市场的认可。那么，企业如何才能在众多的市场中选择合适的目标市场？选择目标市场的方法如图 2-1 所示。

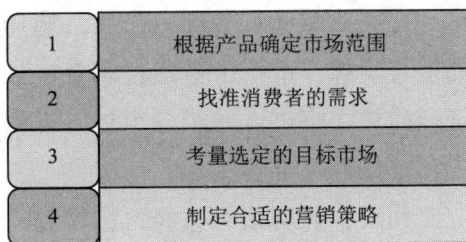

1	根据产品确定市场范围
2	找准消费者的需求
3	考量选定的目标市场
4	制定合适的营销策略

图 2-1　选择目标市场的方法

1. 根据产品确定市场范围

在选择目标市场时，企业应该根据产品来确定市场范围。企业应该分析产品的特征和性能，结合细分市场中的产品发展情况，决定是否进入细分市场。

2. 找准消费者的需求

市场细分是以消费者的消费习惯或消费喜好为依据的，所以消费者在市场细分中有举足轻重的作用。企业在选择进入某个细分市场时，可以从地理、人口、心理等方面入手，罗列影响市场需求和消费者购买行为的各项要素，从中找出最重要的信息，将这些信息作为进入细分市场的评判依据，从而帮助产品找到合适的目标市场。

3. 考量选定的目标市场

在找准消费者的需求后，就要选择目标市场。在选择时，企业应对自己比较满意的细分市场进行进一步筛选和判断，深入了解消费者需求、产品生产情况、市场规模与发展前景等重要信息。如果有必要，企业还可以进行小范围的产品试验，对产品在该细分市场中取得的成绩作出精准预测，为之后的产品投放提供参考依据。

4. 制定合适的营销策略

在完成前面的各项工作后，选择合适的营销策略也是进入目标市场的重要步骤。市场人员通过调查、分析、总结、评估各细分市场，来确定产品最终将进入的细分市场，进而制定相应的营销策略，为产品的推广和宣传做好准备工作。

如果企业可以对选择目标市场的方法和步骤进行灵活应用，那就能够选择一个适合自己的目标市场，找到正确的营销方向，为爆品打造奠定基础。

三、 第三步： 寻找优秀定位

在不断发展和变化的时代，企业需要找到一个优秀定位，否则很难与同类企业竞争。企业在选择定位时，要进行策略性思考，即进行长期定位规划。根据很多企业的实践经验，以下四种策略被证明是可以为企业定位提供支持和帮助的，如图 2-2 所示。

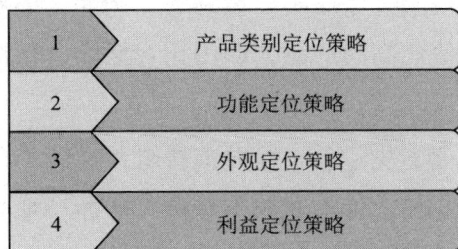

1	产品类别定位策略
2	功能定位策略
3	外观定位策略
4	利益定位策略

图 2-2　企业定位的四种策略

1. 产品类别定位策略

产品类别定位策略是指将企业和某种特定的产品类别联系起来的定位策略。消费者接受并牢记这种联系，在记忆中形成联想，在有需求时就会想起企业。

2. 功能定位策略

功能定位策略就是突出强调产品有其他同类产品所没有的功能，从而使产品具备明显的优势。例如，优衣库强调其线上与线下同等质量、同等价格、同步更新的特性。

3. 外观定位策略

外观定位策略是指通过使产品的外部特征具备独特性，让产品给消费者留下深刻印象的策略。消费者在选择产品时，往往不了解产品的具体使用体验，主要会根据产品的外观用直觉做出选择。产品的外观在很大程度上也是产品定位的重要依据之一。例如，服装行业的产品大多拥有不同的风格特征和面料材质，这是定位的体现，也是对定位的强化。

4. 利益定位策略

利益定位策略就是企业向消费者承诺产品能够满足其需求、为其带来利益，而这是其他同类产品不能做到的。例如，小米手机向消费者承诺为消费者提供性价比高的产品，即用相对低的价格提供相对高端的产品和服务。

定位在很大程度上决定着企业向消费者传递的形象。但是，随着企业的发展变化，企业的定位也会产生变化。例如，某服装品牌的定位是让每个人享受时尚的乐趣，后来随着其开启新零售策略，定位就变成快时尚虚拟联合。这就相当于在对定位进行树立和修正的过程中传播、强化了品牌形象。

以上四种策略对于企业的定位有重要作用。企业使用这些策略进行定位，有利于在竞争激烈的市场中找到适合自己的发展道路，并在与竞争对手的较量中占据优势。

第二节　瞄准你的目标群体

用户是产品的重要发力点，只有满足用户的需求，产品才有机会成为爆品。因此，企业需要精准定位目标群体，锁定高价值用户，以他们的需求为中心开发产品。

一、 借助因子细分目标群体

不同的产品有不同的目标群体，想要打造一款爆品，企业就需要将产品的目标群体进行细分。企业可以借助因子细分目标群体。

因子，在这里是指划分事物的标准。借助因子划分目标群体能够分析不同目标群体的不同特征，为爆品打造提供有针对性的意见和建议。那么，企业应该如何借助因子来划分目标群体呢？步骤如图2-3所示。

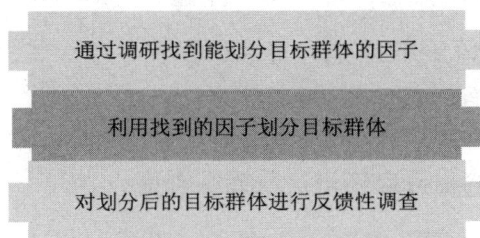

通过调研找到能划分目标群体的因子

利用找到的因子划分目标群体

对划分后的目标群体进行反馈性调查

图2-3　利用因子来划分目标群体的方法和步骤

1. 通过调研找到能划分目标群体的因子

企业想要利用因子来划分目标群体，首先需要找到因子，即划分目标群体的标准。通常来说，这个标准可以分为两大类：一类是基本的人口属性，如用户的年龄、性别、职业等；另一类是垂直领域属性，即用户对产品的喜好程度。根据用户自身的基本属性及其对产品的态度就能将用户较为清晰地划分到对应的群体中，从而针对目标群体打造爆品。

在寻找能划分目标群体的因子时，企业需要借助一定的方法。通常企业会采用调研的方法，通过对不同的人群进行走访、调查，了解他们对产品的看法和感受，将调研结果进行整理和分析，然后从中找出划分目标群体的依据。

2. 利用找到的因子划分目标群体

在上一步中，企业通过调研找到了划分目标群体的因子，接下来，就要利用找到的因子来划分不同的目标群体。通常来说，企业可以根据年龄、性别等基础的因子，将产品的目标群体划分为青年女性、青年男性、老年男性等。企业借助这些因子划分了不同的目标群体，并对目标群体进行分析和研究，了解其特点、爱好等，从而挖掘目标群体对产品的迫切需求。

例如，某营养品品牌在成立之初，就是根据目标群体的年龄和性别进行了划分，最终确定了自身定位。品牌将 25～45 岁的女性白领作为目标群体，根据她们的需求进行产品研发和生产，在领域内发展得风生水起，短短几年时间就取得了非常不错的成绩。

3. 对划分后的目标群体进行反馈性调查

企业在对划分后的目标群体进行反馈性调查时，同样需要使用问卷调查的方法。问卷调查是一种定量研究的方法。运用这种方法，企业可以验证目标群体的最终划分结果是否与产品的定位相契合。

二、 知彼： 从两个方面了解竞争对手

《孙子兵法·谋攻篇》中有云："知己知彼，百战不殆。"了解竞争对手能够帮助企业在一定程度上了解市场情况，还能够使企业尽快找到自己的优势和劣势，进而改善和优化产品，最终打造出真正的爆品。

味乐思咖啡在官网上对产品进行描述，非常详细地阐明了自身优势，包括咖啡豆质量好、倡导环保包装等，并展示了自己之前获得的各种奖项。味乐思凭借着对竞争对手的分析，在咖啡市场中找到自己比竞争对手更有优势的地方，从而更精准地进行产品生产与营销。

企业需要对竞争对手进行两方面分析：一方面是资源分析，另一方面是产品分析。从这两个方面将自己与竞争对手做对比，能够帮助企业找到最佳潜在用户。

1. 资源分析

在分析竞争对手的资源时，企业具体可以从以下几个方面入手。

（1）人力资源。人力资源是每家企业都比较重视的资源。随着信息时代的到来，"得人才者得天下"成为众多企业的共识。通过分析竞争对手的人才构成情况，企业可以了解其产品的大致情况，也有利于企业自身的人才体系建设，为企业打造爆品招揽更多人才。

（2）物力资源。物力资源是企业在生产和经营中需要的生产资料。通过分析竞争对手的物力资源，企业能够了解其将资源重点投入哪个环节，并找出其优势。根据这一优势，企业可以想出针对性的解决方法。例如企业可以避开竞争对手的锋芒，找出自身优势，打造区别于竞争对手的产品卖点，占据更广阔的市场。

（3）财力资源。财力资源是企业发展的基础。如果企业有雄厚的财力，就能够做好产品的生产和经营。所以，企业应该仔细分析竞争对手的财力资源，做好应对挑战的准备。

2. 产品分析

在分析竞争对手的产品时，企业可以从图 2-4 所示几个方面入手。

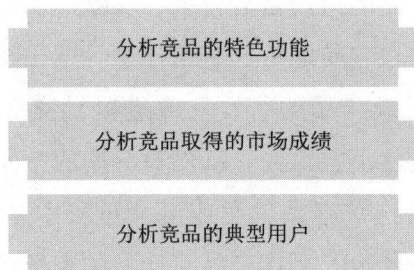

分析竞品的特色功能

分析竞品取得的市场成绩

分析竞品的典型用户

图 2-4　如何分析竞争对手的产品

（1）分析竞品的特色功能。对于大多数企业来说，产品的特色卖点都占有非常重要的地位。以手机软件为例，其成功与否，在很大程度上取决于其功能的优劣。特色功能作为一个很关键的卖点，能够在很大程度上使手机软件对用户产生强大的吸引力。

（2）分析竞品取得的市场成绩。竞品能够在市场上生存和发展，肯定是有原因的。所以，企业在打造爆品时，需要对竞品取得的市场成绩进行分析和研究。由此，企业可以找出推动竞品成功的要素，对竞品在用户中受欢迎的原因进行分析总结，并应用到自己产品的生产和经营中去。

（3）分析竞品的典型用户。在对竞争对手的产品进行分析时，企业还需要分析竞品的典型用户，为自身产品的发展提供有效参考。在分析竞品的典型用户时，企业要对用户进行分类，找出用户对竞品依赖程度高以及黏性高的原因，为自己的产品赢得用户提供参考。

三、 锁定核心用户

一款爆品的产生，背后必定有无数用户在发挥着重要作用。而那些核心用户不仅是爆品生存发展的支柱力量，还在爆品打造的过程中起着意见领袖的作用。

在锁定核心用户的过程中，企业先要考虑用户基数。分析用户基数是锁定核心用户的有效方法之一，这个方法可以帮助企业了解核心用户大概的数量。如果产品的用户基数较大，那就说明这款产品受到了市场的欢迎，企业可以比较容易地从这些用户中筛选出核心用户，这些核心用户的数据能够为后续产品的研发和改进提供支撑。反之，用户基数小，核心用户的数量就不会太大，从而对后期的产品销售造成影响。当然，企业也要反思自己在产品研发或运营过程中是否存在某些不足之处，同时分析用户为什么不喜欢产品、产品的市场接受率为什么很低等问题。

由彼（Ubras）在成立之初就对用户基数进行了详细的分析。根据分析结果，Ubras 认为目前的年轻女性用户数量多，是内衣消费的主力军，有能力为企业带来足够多的盈利。于是，Ubras 将这些年轻女性定位为核心用户，并借助她们热爱社交、愿意分享、追求新鲜感的心理，促使她们主动、自发地宣传产品，从而实现"借力打力"，掀起一股内衣抢购浪潮。

与 Ubras 相对应，同样是内衣行业佼佼者的蕉内在对用户进行调查后瞄准了体感科技，从产品设计到产品展示都充满科技感，可以让追求个性的用户获得美的体验，同样获得了成功。

另外，在锁定核心用户时，企业还需要运用用户画像，把用户信息标签化。用户画像使企业对产品的使用信息和用户的偏好统计有了方向。通过大数据、人工智能等技术，企业可以对用户的年龄、性别、消费习惯、喜好等影响产品营销的因素进行分析，形成用户画像，从而对用户的需求进行全面、细致的了解。

通过用户画像，企业还能够准确瞄准用户的痛点，并以此为基础进行功能设置，确保各项功能可以满足用户的需求。例如，某吸尘器品牌瞄准宠物皮屑滋生螨虫、毛发难清理等痛点，开发了手持除螨功能，并获得了防缠毛专利，吸引了一大批用户。

在锁定核心用户时，用户画像会帮助企业达到事半功倍的效果。在技术不断升级的背景下，了解用户，为用户提供真正贴心的服务，一方面可以使产品销售更有针对性，另一方面也有利于企业开发出符合用户喜好的爆品，牢牢地将核心用户锁定。

第三节　掌握爆品定位秘籍

分析市场和用户是打造爆品的重要前提。想要成功打造出爆品，企业就要在红海市场中找到蓝海细分市场，了解用户的想法，精准地把握用户的需求。

一、 细分红海市场， 挖掘新商机

在技术高速发展的新消费时代，很多高科技产品为人们的生活带来极大的便利。而对于企业来说，细分红海市场，从中挖掘新商机是非常重要的。例如，健身市场属于红海市场，因为现在街上随处可见健身房。但如果企业将健身房定位为只为产后女性提供身材恢复服务的健身会所，在红海市场细分出一条赛道，那么这就相当于找到了蓝海市场。

健身是消费升级的产物，大多数人去健身房的目的都是减肥或保持身体健康。而产后身材恢复，需要专业人士指导锻炼。这是一个较少有人涉足的领域。一般只有月子中心才会有该项目，但月子中心里的教练大多不是健身行业的专业人士，因此如果有企业能够抓住这一机会，推出健身房产后身材恢复项目，就可能占据先机，尽享市场红利，获得巨大收益。

在细分红海市场挖掘新商机方面，美的集团旗下的高科技适老化品牌美颐享布局就十分精妙。

第七次全国人口普查数据显示，我国 60 岁及以上人口已经达到 2.64 亿人。我国的养老市场前景广阔，而且积极完善养老服务、推动养老事业高质量发展也是很多企业希望达成的目标。

在这样的发展趋势下，美的瞄准养老市场，并从该市场中挖掘出智慧养老这一商机，强势推出高科技适老化品牌美颐享，旨在引领养老市场的创新发展，推出适合老年群体的爆品。

美颐享旗下有很多安全、健康、高质量的家电产品，可以充分满足老年群体的生活需求。这些产品经过多次调研才设计和研发出来。为了让产品的质量更有保障，美颐享还进行了多次场景模拟，最终决定从洗浴、烹饪、居家等场景入手，致力于为老年群体提供更安全、便捷的智慧生活。

美颐享之所以会受到老年群体的欢迎，是因为它以解决老年群体日常生活痛点为出发点，并以老年生命科学为突破创新设想，如：对于老年群体来说，跌倒是一个非常大的安全隐患。为了解决这一隐患，美颐享积极研发相关产品，推出了浴室防摔一键呼救热水器和智慧环浴坐式淋浴器，专为老年人安全沐浴设计。通过智慧环绕喷浴和坐式淋浴让老年人坐着也能冲洗干净身体，而当老人出现跌倒、摔伤等危急情况时，就可以立即按键呼救，此时热水器会立刻发出持续的警示声，并自动打电话通知老人的家属，使老人的沐浴安全得到充分保障。

同时，为了解决老人皮肤干燥、瘙痒的问题，美颐享推出了沐养热水器。从医学角度出发，以"调、净、养"健康沐浴核心科技，解决老年人皮肤干燥、瘙痒等问题，进一步保护了老年人的皮肤健康。

很多独居老人都喜欢自己在家做饭，但由于老年人记忆力差，很容易发生炉具空烧失火等危险。美颐享防干烧燃气灶运用专利防干烧技术，在灶具内设置高精度温感探头，一旦锅具干烧、空烧或油温过高，可迅速熄火断气，从根源杜绝空烧安全隐患。

针对老人患有慢性病需要长期服药，但是记忆力衰退导致漏服药的情况，美颐享还设计了智能药盒饮水机。智能药盒饮水机能够提前把药物按照种类分好，并根据事先输入的医嘱，按时提示老年人按量服药。另外，系统还会自动生成服药管理报告，让家属及时了解老人是否有漏服药、多服药的情况。当老人需要服药时，只需轻轻按一下按钮，饮水机就可以放出大约 40 ℃的温水，无须等待烧水。

美颐享希望通过推出智慧养老家电，能够减轻老人及其家属的负担，这与美颐享的初心"呵护爸妈，让爸妈颐享幸福生活"是一脉相承的。此外，美颐享专注智慧养老这一细分领域，借助银发科技创新和高品质策略，与竞争对手做出了有效区隔，产品广受老人及其晚辈的欢迎。

总而言之，很多时候判断一个市场是否还有发展机会，不能只判断其是红海市场还是蓝海市场，更要看其是否还有未被占领的细分领域。

如果企业可以找到这一细分领域，并借助高质量产品同竞争对手进行有效的区隔，那么依然可以取得不错的成绩。

二、 为目标群体打上标签

产品是为目标群体而设计的，精准把握其需求，为其打上基本标签和关键标签，可以让产品更受欢迎，进而使产品成为爆品。

1. 基本标签

用户的基本标签包括性别、年龄、文化水平、职业、地域、婚姻状况等，其中比较重要的有三种，分别是性别、年龄、地域。

（1）性别差异是人类社会中最基本的一种差异，性别是影响人们的行为、喜好、语言风格等方面的基本因素。因此，性别标签的重要性不言而喻，每个产品的定位基本都需要考虑目标群体的性别标签。

（2）年龄标签的分类有很多不同的标准。这里以互联网发展状况统计调查的结果为例，互联网产品的高价值群体的年龄介于10岁到39岁之间，相比其他年龄层的群体而言，该群体更追求时尚和个性，对技术比较感兴趣，并热衷于高档品牌。所以互联网企业可以将产品研发重点放在该群体上。

（3）地域标签是指根据所处地域来对用户进行分类，如一线、二线和三线城市等。一般来说，一线、二线城市的用户在旅游出行、交通导航、金融理财、教育学习等方面有比较强烈的需求，这些用户更期待企业生产的产品可以满足他们的这些需求。而三线及以下城市的用户更倾向于用产品满足他们的休闲娱乐需求，以便他们更好地享受生活。

2. 关键标签

关键标签主要包括用户的行为习惯、心理特征、消费信息等。

（1）行为习惯指用户的做事特点，包括饮食习惯、购物习惯、作息习惯、运动习惯、出行习惯、工作习惯等。行为习惯体现在用户具体的行为中，例如玩手机的姿势、手持方式与时长等。企业可以对用户的行为习惯进行分析，并在此基础上设计产品的各项功能。

（2）在需求背后，是用户的心理特征在发挥作用。企业若能充分了解用户的心理特征，则可以更好地进行产品定位，例如注重效率、畏难、追求成就感等都属于用户的心理特征。企业只有充分了解用户行为反映出的内心想法，才能掌握关键元素，更好地设计和研发产品。

（3）根据消费信息，企业可以将用户分为多种类型。例如根据用户在消费时看重的要素，企业可以将用户分为价格敏感型用户、重视服务型用户；根据用户消费的次数和金额，企业可以将用户分为普通用户、重要用户、VIP 用户；根据用户与销售人员的互动情况，企业可以将用户分为活跃型用户、沉睡型用户、失联型用户等。明确了用户的类型，企业就可以有针对性地进行营销工作。

需要注意的是，标签不是越多越好，也不是越少越好，而是要与企业的业务场景相匹配，这样才可以为用户提供更个性化、独特的消费体验。另外，打标签不是意味着企业要把用户的所有隐私都记录下来，打标签前提是善用标签，做到真正地尊重用户。

三、　聚焦用户关注的痛点问题

几乎所有企业都明白一个道理：要想获得更多订单，就必须找到用户的痛点，真正为用户解决问题。这也是推动订单成交的重要因素。具体来说，用户有了问题才会产生痛点，痛点足够明显才会产生需求，有了需求才会产生购买欲望，有了购买欲望才会产生订单。

一家优秀的企业，需要深入分析用户的痛点，找到开启用户心灵的钥匙。分析用户痛点的方式有很多，如传统的调查问卷、网络平台收集等，但最有效的方式是企业和用户进行深度交流，对用户的痛点深入挖掘与分析，收集并整理第一手的真实数据。

此外，随着微博、微信、小红书、抖音等社交平台的广泛应用，这些平台上每天都会产生大量数据，企业也可以利用这些数据对用户的痛点进行分析与研判。在了解用户的痛点后，企业便可以使用"放大现有痛点"与"激发刚性需求"两种策略激发用户的购买欲望。

以手机销售为例，有些用户很苦恼手机操作卡顿的现象。此时企业便可以向用户讲述操作卡顿会有哪些不便之处，即"放大现有痛点"来激发用户的购买欲望。企业还可以向用户说明自己生产的手机在操作时如何流畅、便捷，让用户确信手机可以为其带来顺畅的使用体验。这便是"激发刚性需求"来促使用户购买产品。

一项心理学研究表明，痛苦的驱动力会比快乐的驱动力更大，痛苦会让人们迫切地想要改善现状。因此，企业可以主动挖掘用户的痛点，让用户产生共情，激发用户的消费欲望，进而促使用户下单。那么，企业应该如何挖掘用户的痛点呢？有以下两种方法：

（1）横向挖掘。如果竞争对手满足了用户在产品某个使用阶段的需求，那么企业不妨尝试寻找产品其他使用阶段的痛点。例如，企业可以分析用户使用这个产品分为哪几个阶段、现在哪个阶段可能存在着亟待解决的关键痛点等问题。

（2）纵向挖掘，即在同一个过程中，寻找阻碍用户使用产品的关键痛点。此时企业需要先找出影响用户使用产品的全部因素，然后研究哪些因素是影响用户使用产品的最大阻碍。找准这个阻碍，企业就可以帮助用户消除痛点，研发出受用户欢迎的爆品。

例如，诞生于 2018 年的饮料品牌好望水做得非常不错。成立之初，好望水面临激烈的竞争，竞争对手除了元气森林等品牌外，还有可口可乐、农夫山泉等大品牌。因此，好望水要想成功突围，只能剑走偏锋。

好望水的创始人在餐饮行业发展多年，发现传统饮料含糖量较高，而普通果汁和辛辣、重口味的餐品并不搭配。此外，一些知名饮料的进价较高，餐厅老板很难从中获得利润。

好望水正是瞄准了消费者和餐厅老板的需求，在强化产品健康属性的同时，又加入微量气泡，具备解腻的功效，成功占据了佐餐饮料市场。

同时，区别于传统的易拉罐装或塑料瓶装，好望水选择了极具质感的玻璃瓶。其外观颜值较高，与热爱拍照并分享照片的年轻消费者的需求不谋而合。

从产品定位来看，好望水主要面向 B 端（商家、企业端）用户，产品选择在餐厅中进行销售，并打出了"聚餐要有望山楂"的口号。这样的产品定位不仅区别于其他饮品针对 C 端（消费者端）用户的定位，还可以借助餐厅的人流量让产品覆盖更多人群，扩大品牌的影响力和知名度。好望水首先瞄准的是烧烤店、火锅店，在这些适合聚餐的场景中，让消费者对好望水这一品牌产生认知，主动尝试"既解腻又健康"的气泡山楂汁。

如今好望水的爆品望山楂已经成为餐厅新推销对象。随着知名度的不断提升，好望水已经与一些知名餐饮品牌合作，甚至还进入了民宿、婚庆行业等赛道。可以说，好望水聚焦佐餐场景的产品策略非常成功。

第三章

需求挖掘： 掌握用户的所思所想

明确了目标用户，接下来就是挖掘用户的需求，了解用户的真实意图，以他们的所思所想为中心打造产品，精准发力，引爆目标人群。

挖掘需求前先了解用户

用户是产品的最终接受者，对用户有充分的了解就意味着打造爆品的工作已经成功了一半。因此，在挖掘需求前，企业应先充分了解用户。

一、 牢牢抓住用户的底层需求

用户的购买决策受到多种因素影响，企业尤其要关注底层需求的影响。底层需求是根据马斯洛需求层次理论划分出来的，主要是指物质层面的需求。

例如，盒马鲜生的线下店铺设计就是紧抓用户的底层需求。盒马鲜生在线下店铺中设置了海鲜区域，并采用"无人超市"模式，让用户能够自主购买产品，满足用户，尤其是年轻用户的自主购物需求。此外，盒马鲜生的线下店铺还针对用户不会做海鲜、做海鲜太费时间等痛点，为用户提供现场加工服务，很好地满足了用户的需求。

再如，某企业抓住了人们对提升颜值的需求，以经典款产品为基础不断研发新产品。例如，针对人们减少痘痘和粉刺、提亮肤色的需求，该品牌推出多种规格的试用装产品，形成了"试用—有效—复购"的转化路径。

2022年上半年，该品牌的营收取得了不错的成绩。借助市场的不断发展，该品牌的产品销量仍有空间，公司借爆品获得持续关注和销售转化。

企业要想在激烈的竞争中被用户熟知，那就必须挖掘用户内心深处的底层需求，从用户角度出发，为用户提供能够满足其需求的产品。这样的产品更容易在用户心中留下深刻印象，也更有机会成为爆品。

二、 节约用户思考时间

在信息发达时代，企业研发产品的一个重要准则就是产品能够节约用户的思考时间。因此，企业要借助大数据、人工智能等技术分析用户需求，然后根据该需求设计个性化的产品，为用户解决选择困难的问题。在实际操作时，企业该把握好度，既给用户足够的选择空间，又要对用户进行精准定位，向用户推荐最贴合他们需求的产品。以下是几个小技巧。

（1）挖掘用户内心的想法。企业通过调取大数据下用户的偏好信息，了解用户一贯的消费行为以及背后蕴含的想法，为用户缩小选择范围，使用户的需求更加明确，促使用户做出消费决策。

（2）帮助用户做选择。用户在购买比较昂贵的产品时，通常对价格的敏感度不高，而更关注产品的质量。企业可以向用户提供几种价格适中的产品，帮助用户做出选择。

（3）给用户提供三个选项。企业给用户提供的选择不要过多，也不要过少，三个是一个比较适中的数量。企业可以为用户提供三个有不同侧重点和优势的选项，用户可以根据自己的需求进行选择。

在这个方面，凭借在直播过程中传授知识"出圈"的东方甄选做得很好。东方甄选直播间的产品是相关人员"精心挑选出来、经过东方甄选认证、质优价廉"的产品。东方甄选的主播依靠丰富的教育经验，将英文讲解、诗歌鉴赏等与产品介绍融合在一起，让人们在以优惠的价格购买产品的同时能深入了解并学习产品背后的知识，可谓是直播界的一股"清流"。

东方甄选为用户挑选品质出色、质量有保证的产品，并根据不同功能、品类对这些产品进行严格划分，减少用户的选择成本，让用户能够轻松购物。

另外，东方甄选强调"以严谨的态度为人们挑选天下优品"，对产品的产地、原材料、生产工艺都进行严格把控，赢得了人们的信赖。通过东方甄选直播间主播的推荐，人们能够在不用多方对比的情况下很轻易地买到适合自己的产品。

通过东方甄选的案例，我们可以知道：为用户减轻选择产品的负担，是优秀企业必须具备的特质，也是企业可以深耕的发展方向。很多用户，尤其是年轻用户，往往忙于工作，没有很多时间去挑选产品，此时如果有企业可以为他们缩小选择范围，帮助他们找出可以放心购买的优质产品，那就相当于为他们降低选择成本，从而赢得他们的心。

当然，除了上面提到的技巧外，还有很多其他的方法值得企业借鉴，企业要具体情况具体分析，不断探索新方法，帮助用户解决困难。例如，在大数据时代，企业可以根据用户信息向用户提供个性化定制选项，再由用户从中选出最符合自己需求的产品。

第二节 常见用户需求分析模型

企业可以借助一些工具分析用户需求，例如 KANO 模型、马斯洛需求模型、PMF 模型等。这些模型都是分析用户需求的利器。

一、KANO 模型：对需求进行排序

用户的需求是多方面、多层次的，但通常来说，单个产品很难满足用户的所有需求。为此，企业需要对用户需求进行排序，优先解决用户亟待被满足的需求。

KANO 模型便能够很好地对需求进行排序。KANO 模型是一种能够对需求进行分类和排序的实用模型，是由一位大学教授发明的。该模型以用户需求和用户满意度两者的关系为基础，体现了产品和用户满意度之间的非线性关系，如图 3-1 所示。

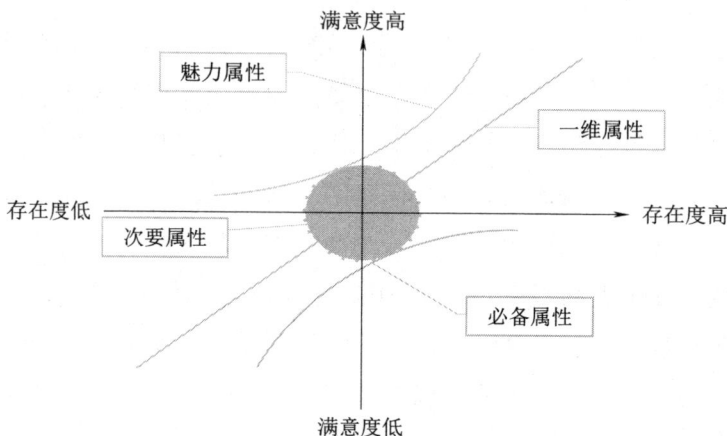

图 3-1　KANO 二维属性模型示意图

纵坐标表示满意度，向上表示满意度高，向下表示满意度低；横坐标表示某需求的存在度，向右说明需求的存在度高，向左说明需求的存在度低。根据需求与满意度之间的非线性关系，可以将用户的需求分为以下五大类，如图 3-2 所示。

图 3-2　需求分类

1. 基本型需求

基本型需求是必然存在的需求，也就是刚需。它是最低程度、用户一般不会说出的需求。如果此类需求没有得到满足，用户会抱怨、不满；而此类需求被满足后，用户的满意度浮动也不会太大，因为它本身就是一个必要的需求。例如，社交 App 的加好友功能、音乐 App 的听歌功能等，都是在满足用户的此类需求。

2. 期望型需求

期望型需求是用户比较向往的需求，如果此类需求能够得到满足，用户的满意度会大幅增加；如果此类需求不能得到满足，用户的不满也会大幅增加。例如，用户期待音乐类 App 可以浏览歌曲 MV，期待在微信联系人列表中增加分组功能等。

3. 兴奋型需求

兴奋型需求是产品提供了一种用户意料之外的属性或功能，例如产品的新功能会给用户带来惊喜，用户可能都没有意识到自己需要这些新功能。当产品满足了用户的兴奋型需求，用户会感到满足，满意度则显著提升。但是即使此类需求得不到满足，用户的满意度也不会降低。

4. 无差异型需求

用户的无差异型需求无论是否被满足，用户满意度都不会发生变化。它属于中性需求，用户对此需求可能并不太在意。例如，某天气 App 中的温度是以摄氏度的形式显示的，而有没有华氏度的温度显示形式对用户来说无关紧要，华氏度的温度显示形式就是一种无差异型需求。

5. 反向型需求

反向型需求是与用户需求相反的需求。用户喜好千差万别，企业不可能保证自己生产的产品能满足所有用户的需求。这类需求被满足后，用户的满意度会显著下降，例如，阅读 App 中的付费功能、在 App 首页投放大量广告等。

KANO 模型并不能直接测量用户满意度，但可以帮助企业了解用户在不同方面的需求。KANO 模型是企业区分用户需求、设计产品功能的至关重要的切入点。

二、 马斯洛需求模型： 将需求分层

马斯洛需求模型是由心理学家亚伯拉罕·马斯洛提出的，他将需求按照从低到高的层次分为五种，如图 3-3 所示。

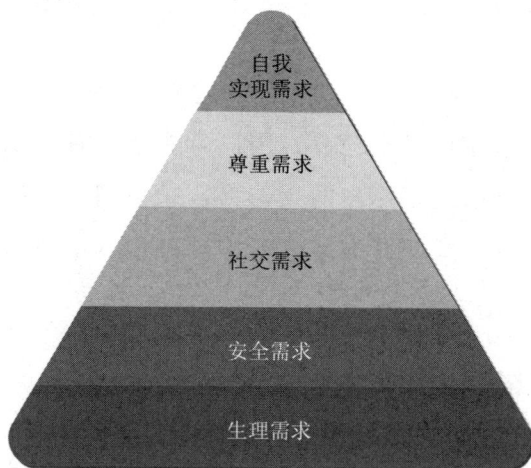

图 3-3 马斯洛需求模型

1. 生理需求

生理需求是一个人最基本的需求，也是与生俱来的需求，此类需求

与人们的日常生活密切相关。例如，外卖类 App 就是在满足人们的此类需求。

2. 安全需求

安全需求主要体现在社会秩序、人身财产安全、法律、家庭、医疗、道德等各方面，例如支付类 App、健身类 App 等都是在满足人们的此类需求。

3. 社交需求

满足前面所说的两种需求后，人们就开始希望能和别人建立人际关系，希望得到别人的认可。人们往往需要与亲朋好友进行社交，从而获得爱与归属感。社交类 App，以及娱乐类 App 可以满足人们的社交需求。

4. 尊重需求

尊重需求是更高层次的精神需求，是希望得到他人尊重、认可的一种表现，也是自尊心的满足，包括在家庭、工作、社会中得到尊重。例如，在某领域内声名远播；在职场中获得晋升机会；在家庭中夫妻双方互相尊重等。

5. 自我实现需求

一个人对获得他人尊重和实现自我价值的需求是无止境的。自我需求是最高层次的需求，是指实现个人的理想、追求、人生价值，也包括自己创造性、自觉地解决问题的能力。例如，学习类 App、阅读类 App 能够满足人们的这种需求。

当然，有时一款产品也可以同时满足用户的多层需求，例如，某视频平台本身只满足用户在娱乐、充实生活等方面的需求，但通过私信和弹幕功能，让用户在看视频的同时产生情感共鸣，获得归属感，从而使用户的社交需求得到满足。在该平台上，用户还可以通过观看视频学习到财经、金融等方面的知识，甚至可能因为评论收获了点赞，从而使尊重需求和自我实现需求得到满足。

三、 PMF 模型： 重视产品市场匹配度

产品市场匹配度（Product Market Fit，PMF）模型由马克·安德森提出，在高科技领域非常受欢迎。该模型主要是指在一个优秀的市场中，推出一个最小化可行性产品去迎合市场。换句话说，市场上有各种各样的产品，也有各种各样的需求，而这两者重合的地方，就是那些满足了需求的最小化可行性产品。

那么，什么样的产品符合 PMF 模型，可以满足用户的需求呢？用户对一款产品的需求通常来自两个方面：一是从自身角度出发的需求；二是因为产品提供的价值而催生的需求。

第一个方面的需求比较容易理解。以药物为例，针对癌症的药物平均能帮助患者延长的寿命仍然比较有限，但很多患者还是愿意花非常高的价格来购买。

另一个方面的需求是因为产品提供的价值而催生的需求。例如信息管理软件及服务供应商甲骨文（Oracle）当年有一个非常经典的广告，核心内容就是表明自己的产品要比其他著名产品好很多。虽然其产品未必真的可以达到这种效果，但从市场宣传角度而言，广告效应非常好，成功激起了很多用户购买产品的欲望。

企业对用户的需求进行挖掘和判断对于自身的发展十分重要。但应该注意的是，有时用户自以为的需求其实不一定是真正的需求。以某电动汽车为例，早期电动汽车都不注重设计感，而该品牌则反其道而行之，用精致、高质感的设计为用户提供了一种感官上的满足。

某品牌曾经推出电动跑车，该跑车不仅性能好，还极具设计感，外观看起来非常时尚、潮流，可以很好地彰显用户的个性。而且，其还营造驾驶该品牌生产的汽车可以体现车主的环保意识。所以，这其实也是在宣扬一种主张，而车主可能并没有意识到这一点。

需要注意的是，企业也要重视产品提供的价值，这个价值能够在用户的心里放大或缩小多少非常关键。例如，减肥产品可以直接绑定标准量化的体重数据，使得用户对其价值的判断更直观、清晰，从而促使用户购买产品。

但一些号称辅助促进睡眠的辅食，其价值则让用户无从判断。因为影响睡眠的因素太多，即使用户的睡眠质量确实提升了，也很难判断睡眠情况得到改善是因为使用了产品，还是因为其他因素，如睡前没喝咖啡等。

那么，这是不是意味着此类产品就无法占领市场了？答案是否定的。此类产品可以借助营销策略吸引用户的注意力，帮助用户感知需求。如果营销策略使用得当，此类产品也可以广受用户欢迎，获得不错的市场效果。

第三节　如何精准挖掘需求

没有哪种产品可以满足用户的所有需求，因此，无论是爆品，还是普通产品，都是以满足用户某方面的需求为目标的。那么，如何精准挖掘用户需求，从中找到产品研发的灵感呢？企业可以通过头脑风暴法、思维导图法来精准挖掘用户需求。

一、 头脑风暴法： 在谈论中寻找灵感

在打造爆品的过程中，创意设计是一个非常重要的环节。企业常常会使用多种方法进行创意设计，头脑风暴法便是其中一种。所谓头脑风暴法，就是在不设限制的情况下，召集多人对某一事件进行自由联想和讨论，从而产生新观念或激发人们的想象力。在使用该方法时，企业要关注以下几个重点，否则可能会影响灵感的产生。

1. 确定问题的关键词

企业首先要确定问题的关键词，这样才能进行下一个环节。通常产品的策划人员与设计人员会事先对将要讨论的问题进行分析和研究。在此基础之上，他们还要将问题的实质弄清楚，进而找到问题的关键，确定问题的关键词。

关键词即中心议题，如果关键词有偏差，那么整个会议就会偏离目标。因此，确定问题的关键词是非常重要的工作，策划人员与设计人员需要对这项工作特别关注。此外，需要注意的是，最终确定的关键词必须能够反映产品的设计要求，而且还要有实际意义，能够解决实际问题。这样才能保证头脑风暴可以达到预期效果。

2. 尽量找不同角色来参与

进行头脑风暴的目的是获得更多、更有价值的解决问题的方法。由于不同角色的人员对同一件事情的看法和观点是不同的，所以参会人员的角色越多，好想法出现的概率越大。因此，在举行头脑风暴会议时，要尽量让更多角色参加会议。

在举行头脑风暴会议时，企业可以邀请一些产品研发领域的专家进行专业性发言，并召集企业内部的研发人员、设计人员从产品的实际研发情况进行发言，而产品的后期销售人员则可以从营销角度对产

品的设计提出建议。在头脑风暴会议中，不同人员按照自己的角色分工围绕产品发表观点与看法，可以为产品设计提供全面、有效的参考意见。

3. 不批评、不点评

不批评、不点评是指在进行头脑风暴的过程中，参会人员既不能批评他人的观点，也不能对他人的观点做点评，以免影响会议的气氛，从而保证会议的效果。在会议中，参会人员需要积极发言、畅所欲言，将自己对产品的认识和理解都表达出来。

禁止批评是所有参会人员都应该遵循和必须遵循的重要原则。由于头脑风暴的意义就在于获得更多意见和想法，而批评会使意见和想法的提出受到影响，而且参会人员在受到他人的批评时，很可能会产生负面情绪，从而影响整个会议的召开。

所以，在召开头脑风暴会议前，企业要向参会人员明确这一原则，告知他们在会议进行过程中不能对他人的设想和创意提出批评性意见。如果企业事先不这样做，那么会议现场的融洽气氛很可能会被破坏，从而影响参会人员的自由畅想与自由表达，那么这样的头脑风暴就是无效的。

此外，企业不要对头脑风暴会议设置条条框框。企业要鼓励参会人员放松身心，使参会人员能够从不同角度、不同层次对产品的设计提出大胆的设想和假设，或者对产品的设计提出标新立异、与众不同的想法，这样的头脑风暴才能真正产生好的效果。

二、 思维导图法： 找到最根本的需求

在产品的创意设计中，除了使用头脑风暴法来进行创意构想外，思维导图法也是很常用的方法。思维导图法是通过画图的方式将产品设计呈现在一张图纸上。在使用该方法时，企业需要注意以下几个关键点。

1. 需求分析： 完善最初的想法

需求分析是完善想法的重要步骤。在产品设计中，需求分析对于设计人员来说是非常重要的动力，能够使产品设计更加完整和有效。通常在进行产品设计时，设计人员往往只有一个比较模糊的产品规划，对于产品的细节还没有深入考量。

这时设计人员就需要先将产品的基本要素一一罗列出来，然后再根据思维导图法分析需求，最后得出产品设计创意。在这个过程中，设计人员应该对最初的想法进行完善。但因为产品设计需要一个很长的周期，而且产品对应的市场又常常会出现变动，所以设计人员就需要紧跟市场和用户的需求对产品进行及时改进和更新。

2. 产品设计： 梳理功能结构

产品设计是思维导图法的第二部分，这一部分是对功能结构进行梳理，通过画图的方法，将产品设计的各关键点进行罗列，使产品设计过程更简洁、高效。设计人员在将关键点和需要注意的地方罗列出来后，不能直接地进行产品模型的绘制工作，而是要先在纸上完整地列出产品的功能结构，以此来保证在产品设计过程中不会遗漏一些比较重要的功能。

功能结构图可以为产品模型绘制提供参考。设计人员可以将产品模型与功能结构图进行对照，从中找出两者之间的差距，使产品设计的结果更精准。功能结构图不能一成不变，而应该是一个迭代更新的过程。设计人员要根据市场变化和用户需求变化对产品进行调整，这样才能保证最终生产出来的产品是符合市场变化趋势和用户需求的。

3. 罗列创意： 在发散性思维中寻找灵感

众所周知，创意需要灵感，而灵感不是随时都能产生的。所以，设计人员要具有发散性思维，从而更快地获得灵感、产生创意。发散性思维是一种呈现扩散状态的思维模式，也是创造性思维的主要特点，能够提升设计人员的创造力。在使用发散性思维进行产品设计时，设计人员要将产品的细节罗列出来，然后对这些细节进行分析和完善，从中获取灵感，使产品设计更有创意。

例如，网页设计师在设计网页时就需要灵感，尤其在设计那些复杂和追求美感的首页、网页专题或网站引导页面时，他们就更需要灵感。这时他们就会将网页中能够表现产品主题的基本点罗列出来，再根据这些基本点去寻找相关设计图，从中获取与自身设计相关的灵感。

设计人员在设计产品的过程中也需要将创意罗列出来，运用发散性思维进行灵感的探寻和获取，从而更好地完成产品设计工作，使产品在设计方面具备先天优势。

第四章

创意设计： 抓住让用户惊艳的爆点

一款产品要想实现刷屏级传播效果，就必须有让用户惊艳的设计。这个设计可以是功能设计、交互设计或情感设计。越是独特、符合用户需求的设计，越能给用户留下深刻印象。

功能设计： 以易操作为基础

功能设计应该以易操作为基础，即突出核心功能，确保用户不用付出太高的学习成本，就能直接使用产品。

一、 扁平化设计： 剔除不必要选项

随着社会的发展，用户的要求逐渐增多，设计烦琐、复杂的产品很难获得用户的喜爱。因此，大多数产品都采用扁平化设计，即尽力减少不必要的功能，保留其中最核心、最主要的功能，以迎合用户的使用习惯。

扁平化设计是目前比较常用的一种设计方式，可以让产品功能更为直观地展示出来，带给用户更好的操作体验。在爆品打造过程中，企业需要运用扁平化设计的方法进行产品设计，以此来使产品获得更多用户青睐。

1. 学会做 "加减法"

在使用扁平化设计时，学会灵活地使用"加减法"是很重要的，即学会将产品的元素进行整理归纳。企业要对产品的功能进行整体分析和归纳，从中找到产品的核心功能，将核心功能作为产品中不可缺少的一部分保留下来。这是为产品的设计做"加法"。

在产品设计过程中，企业还要将次要的功能挑选出来，分析其是否能够被删减掉，以便节省产品的内存。这是为产品的设计做"减法"。

2. 敢于打破旧思维

在进行产品设计时，企业只有打破了传统思维，才能激发更具创造力的新思维，创造出更优秀的产品。而且，企业要想使用扁平化设计方法，也需要摒弃传统的设计理念，使用更符合时代潮流的创新思维。

例如原来的产品设计思维是将所有功能都展示出来，这样能够让用户全面了解产品的性能。但时代发生了变化，企业只有精准地找到用户需要的功能，击中用户的痛点，才能获得用户的青睐。

3. 注意产品设计细节

俗话说，细节决定成败。一些微小细节的改变可能会使产品有天翻地覆的变化。因此，在使用扁平化设计时，企业必须注意产品的设计细节，避免微小细节对整个产品研发工作产生影响。

4. 让元素丰富起来

企业要想使一款产品成为爆品，首先必须获得用户关注，而产品设计在吸引用户注意力方面发挥着重要作用。成功的扁平化设计可以让产品拥有良好的功能和外观，以此获得用户关注。例如，在产品设计过程中，企业可以用颜色来充当主要表现要素，合理地搭配产品的颜色，从而进一步提升产品的吸引力。如果企业能够将颜色搭配方法运用得炉火纯青，那么就会为产品增色不少。

扁平化设计作为当前产品设计的流行形式，被很多企业争相使用。企业要想让产品成为爆品，就需要在了解用户的基础上学会灵活运用扁平化设计方法。而且企业的设计人员也要多实践，以便更熟练地掌握扁平化设计方法。

二、 将核心功能展示给用户

一款受到市场和用户欢迎的爆品，必定有其与众不同的特点，这一特点与其核心功能息息相关。产品的核心功能是企业的最高机密，在产品研发过程中需要保密。核心功能即一款产品的主要功能，通常产品的设计和研发都是围绕该功能进行的。

另外，产品的核心功能在一定程度上能够代表整个产品。例如一款电子测速仪，其核心功能就是测量速度；而一款智能手机，其核心功能是通信。正是因为具备了核心功能，产品才具有某一方面的吸引力，用户在要达成某一目的时，才会想到并购买产品。

在功能设计方面，企业需要优先对产品的核心功能进行展示，这样才能激发用户的使用兴趣，获得用户的青睐。以抖音为例，它在研发之初将拍摄视频作为核心功能，其用户就是被这一核心功能所吸引，成为其忠实粉丝。

优先展示核心功能对爆品打造的好处十分明显。那么企业应该如何在产品设计中，将产品的核心功能进行优先展示呢？关键点如图4-1所示。

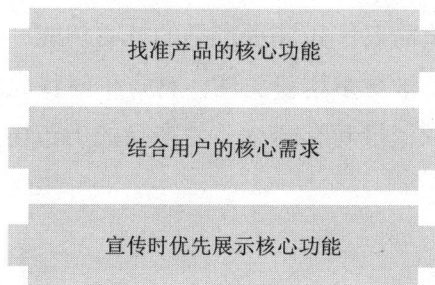

找准产品的核心功能

结合用户的核心需求

宣传时优先展示核心功能

图4-1　对核心功能进行优先展示的关键点

1. 找准产品的核心功能

企业要想对产品的核心功能进行优先展示，首先要做的就是找准产品的核心功能。在研发和设计产品时，企业都会对产品进行明确定位，而符合产品定位、能够满足用户需求、被突出展示的功能一般就是产品的核心功能。无论是产品的功能设计，还是外观设计，设计人员都要根据产品的定位进行工作。企业在寻找产品的核心功能时，可以与设计人员进行沟通和交流，多采纳他们的建议。

2. 结合用户的核心需求

用户对于企业爆品打造起着重要作用，核心功能的确定和用户的需求息息相关。企业需要对用户的需求进行研究和分析，找出用户的核心需求，在这一基础上对照产品的功能和特性，确定产品的核心功能。这样才能让产品的核心功能符合用户的需求，击中用户的痛点，有利于产品被用户接受。

3. 宣传时优先展示核心功能

如果企业在进行产品宣传时，能够将产品的核心功能进行集中展示和介绍，那么产品在用户的心中就会留下深刻印象，从而产生品牌效应。例如人们一提起具有聊天功能的软件，自然会想起微信和 QQ；提起具有支付功能的软件，就会想起支付宝和微信。

综上所述，企业需要优先展示产品的核心功能，依靠核心功能引起用户的注意，使产品被更多用户关注。在宣传时优先展示产品的核心功能有利于提升产品的销量和存活率，使产品成为市场上受欢迎的爆品。

第二节　交互设计：满足沟通需求

交互设计应该以满足用户的沟通需求为基础。用户使用产品的过程也是与产品沟通的过程，一款爆品一定能够与用户进行顺畅的沟通。而且无论是在操作逻辑上，还是在交互难度、响应时间上，爆品都应该与用户的认知高度匹配。

一、 构建环环相扣的操作逻辑

产品设计体现了设计人员的思维方式，设计人员需要具备极强的逻辑性来进行产品设计工作。在交互设计方面，企业要为产品构建环环相扣的操作逻辑，具体方法如图4-2所示。

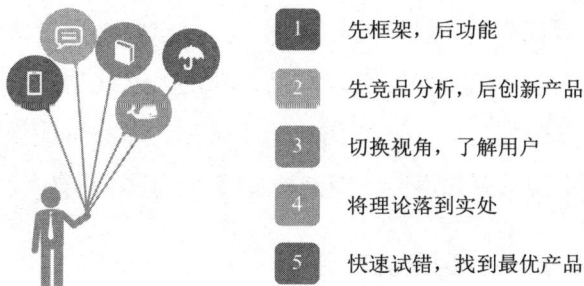

图4-2 设计逻辑环环相扣的方法

1. 先框架， 后功能

在产品设计早期，企业要先确定产品定位和设计框架，也就是明确产品的核心竞争力。企业一定要避免掉入"功能陷阱"中，要有整体思维，根据设计框架进行缜密思考。

2. 先竞品分析， 后创新产品

每款产品都有自己的生命周期，所以在产品设计前期，企业需要进行竞品分析。竞品分析是在研究竞品的设计框架、逻辑和目标群体后，做出的整体性分析。企业要切记，做竞品分析是为了在吸收竞品优点的情况下进行产品创新。需要注意的是，在实际操作时，企业要找到自己的产品和竞品之间的差异，而不是抄袭竞品的所有功能。

3. 切换视角，了解用户

企业在设计产品时不能闭门造车，只站在自己的角度设计交互功能和交互界面，而是需要时常切换到用户视角去设计产品，关注用户反馈，整理好用户的意见和建议，必要时还可以进行用户访谈。另外，企业要根据收集的用户信息，为用户打上标签，绘制用户画像并持续优化。

4. 将理论落到实处

很多企业都拥有产品设计的相关理论，但想要将理论落到实处却有些困难。企业面临的问题是如何实现产品的功能。这些功能是要经过大量的市场调研和用户分析，深入思考用户需求模型，才有可能设计出来的。所以，对于企业来说，只知道设计理论是不够的，还必须有大量的实践。

5. 快速试错，找到最优产品

面对不确定的市场和不断变化的需求，如果企业没有足够的时间完善产品的所有功能，然后给用户提供一个最终版产品。此时最好的开发模式是"小步快跑"，即不断试错，做精益化设计。另外，企业还需要快速优化、调整产品的某些功能，争取更高效地解决用户面临的痛点。

二、以简单、实用为最佳原则

简单、实用是产品设计的硬道理，因为绝大多数用户都喜欢用最简单的方法来达成目的。简单、实用的设计能够减少用户使用产品的麻烦，很容易让产品获得用户的好感。

产品简单、实用，其实并不是指产品的研发逻辑简单，而是指用户在使用产品的过程中，所付出的学习成本较低。这就要求企业在设计产品时，要使产品的功能既可以满足用户的需求，又能够节省用户的操作时间。想要使产品简单、实用，企业可以从以下几个方面入手进行产品设计，如图 4-3 所示。

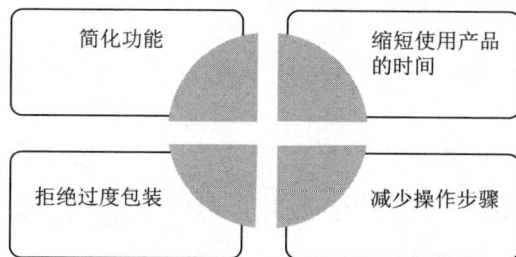

图 4-3　使产品简单、实用的方法

1. 简化功能

简化功能是产品设计的重要工作。产品功能多样，能够让用户对产品产生好奇心；产品具有太多功能，又会让用户感到压力。尤其在信息高速发展的时代，如果产品的功能过于繁杂，就会导致用户的学习成本过高，从而让用户产生焦虑心理。所以，在进行产品设计时，企业应该将功能简化，保留核心功能和特色功能即可。

2. 缩短使用产品的时间

用户在使用产品时，需要花费一定的时间。如果企业在设计产品时，能够将用户使用产品的时间作为其中一个考虑因素，有效缩短用户使用产品的时间，就能够提升产品的竞争力，使产品更容易获得用户的好感。企业需要将产品的核心竞争力明显地展示出来，让用户在核心场景及核心使用路径上感受到产品的流畅度和自然度。这样既有利于让用户更好地认识产品特色，又有利于提升用户对产品的好感度和忠诚度。

3. 拒绝过度包装

过度包装会使用户感觉产品华而不实，降低产品在用户心中的好感度。因此，在产品设计过程中，减少包装也是一个让产品更简单、实用的方法。例如，用户一打开某款 App 就会进入核心功能界面，而没有开屏广告，这对用户是很有吸引力的。

4. 减少操作步骤

操作步骤会影响用户的产品使用体验。企业要想使产品具备简单、实用的特点，就要尽力减少用户使用产品的步骤，让用户在较短的时间内达到使用目的，解决实际问题。

例如，有些 App 会直接为用户提供一个默认的认证方式，同时为了满足不同用户的多样化需求，还会再提供一个选择其他认证方式的功能。对于没有进行二次选择的用户来说，这样就相当于减少了一个操作步骤，节省了一部分时间。

三、 将交互难度无限降低

要想让产品变得简单、容易操作，企业就需要降低产品的交互难度。交互难度降低，就意味着产品的交互功能被进一步简化，同时还能节省研发产品的时间和成本，从而使企业获得更丰厚的利润。那么，企业应该如何在保证产品功能简单、有效的同时，降低产品的交互难度呢？降低产品交互难度的关键点如图 4-4 所示。

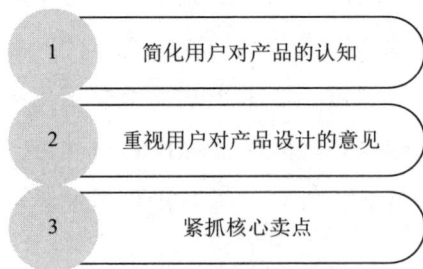

1 简化用户对产品的认知

2 重视用户对产品设计的意见

3 紧抓核心卖点

图 4-4　降低交互难度的关键点

1. 简化用户对产品的认知

企业可以通过简化用户对产品的认知来实现降低交互难度的目的。大多数用户都不像设计人员那样具有极强的创造力和想象力,而且用户使用产品的目的是使自己的工作、生活更便利,所以通常不会在日常生活和工作中选择一款操作复杂的产品。

试想一下,用户使用一款产品是为了满足自己的即时通信的需求,但用户还要先耗费时间进行密码破解、产品功能解析等一系列操作,那么用户的需求不能在短时间内得到满足,这款产品就是非常失败的。如果它的同类产品操作十分简便,那么同类产品就能非常容易地获得用户的青睐。

2. 重视用户对产品设计的意见

产品设计越来越简单是当前产品市场的一种趋势。为了顺应这种趋势,企业可以将用户对产品的体验融入产品设计中,重视并获取用户对产品设计的意见。这样能很好地保证产品的设计是简单的,从而达到"人人都喜欢产品"的效果。

除了重视用户对产品设计的意见外,企业还可以让用户亲自试用产品,避免用户成为产品研发过程中的旁观者。企业要确保用户对产品设计的意见是用户在真实体验的基础上提出来的,而不是设计人员杜撰出来的。对于用户提出来的关于产品设计的意见,企业要深入研究和分析,并以此为基础对产品做进一步改进和更新。

3. 紧抓核心卖点

用户购买产品一个很重要的原因是产品能够满足其需求。如果产品能够在最短的时间内满足用户的需求,就具备了其他产品所不具有的优势。紧抓核心卖点，去除无效操作，保留核心功能，可以使得产品更有吸引力。这样无论是在初期的研发和生产中，还是在后期的营销和推广中，企业都可以事半功倍。

第三节　情感设计：　模拟使用场景

产品的情感设计应以场景为依托，赋予产品在特定场景中的情感内涵，让用户对产品产生情感上的依赖。

一、 回归场景， 产品变身用户 "真爱"

很多企业在设计产品时都是将线下已经出现的需求系统化，然而将线下的需求系统化有一个前提——回归场景。企业要想设计出用户喜欢的产品，首先要考虑的重要因素之一就是场景。如果对场景这个词进行解释，其实就是哪些用户在什么时候、在什么地方、出于什么目的、做了什么事。对于企业来说，场景不仅有利于优化产品设计，还有利于提升产品质量。

我们可以想象这样一个场景：某人到达公司时已经快迟到了，但他的指纹在打卡机上却一直识别失败，迟迟打不上卡。此时他一定不希望自己迟到，所以他的需求是打卡机指纹识别更加灵敏或者打卡流程更简单。这个场景就可以是很多考勤类 App 进行产品设计的重要依据。例如，打卡 App 就充分考虑了这一场景，员工只要打开程序，看到的就是打卡页面，操作起来非常简单；如图 4-5 所示。

图 4-5 打卡页面

企业在设计产品前要分析用户使用产品的场景，确保产品的功能可以满足用户在不同场景下的需求。如果产品的某个功能没有贴合场景，那么这个功能很可能对其他功能的正常使用造成影响。以某小程序为例，来访人员可以扫码登记，管理员可以生成访客码，还可以添加子管理员协助进行来访人员统计。虽然操作非常简单，但能满足用户在很多场景下的需求，可谓是"麻雀虽小，五脏俱全"。

综合来看，在产品设计阶段，企业一定要做好场景分析，设法提升产品的使用价值和商业价值，同时要考虑用户在不同场景下的需求，确保产品设计出来是符合这些需求的。

二、 为产品设计独特的使用方式

产品拥有巧妙的使用方式，会给用户留下深刻印象，从而使用户在情感上对产品产生好感。如果产品的操作能够体现出对用户的关怀和照顾，那么会为用户带来愉悦感，从而在一定程度上缓解用户在工作和生活方面的压力，最终获得用户的喜爱和青睐。

操作情感化产品在市场上是非常受欢迎的。例如，美妆品牌不仅销售美妆产品，还在销售美妆产品的过程中为用户考虑到了化妆问题，将化妆工具作为小礼品赠送给用户，让用户在变美的同时感受到其对用户的用心。

上述案例就是产品操作情感化的体现。其实操作情感化就是在产品设计中加入一些人性化功能和服务，以产品在操作上与用户产生的情感联系作为产品设计的主要元素。以现在非常火爆的社交工具为例，其操作就被赋予了情感。用户在使用时，就能够在操作过程中感受到产品对自己的关怀。例如，为了方便不同用户之间的互动，该产品具有语音聊天功能，让用户不用打字就能够进行聊天，节省了用户的时间和精力。

既然操作情感化可以为产品增色不少，那么在产品设计过程中，企业应该如何实现操作情感化呢？关键就在于掌握以下几个方法，如图4-6所示。

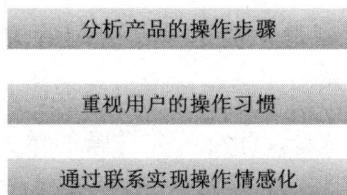

图4-6　产品操作情感化的实现方法

1. 分析产品的操作步骤

企业要对产品的操作步骤进行全面分析和研究，从中发现产品在实际操作过程中需要改进的地方，从而在产品与用户之间建立更紧密的情感联系。

2. 重视用户的操作习惯

用户在使用产品时，会养成一定的操作习惯。如果企业想在产品的操作步骤中加入情感化设计，就必须重视用户的操作习惯，对其进行分析和研究。以小红书为例，小红书对用户的使用习惯进行了深入研究。例如：很多用户起床后都会打开小红书 App 浏览推荐内容；上班途中会阅读几篇首页的爆款文章；午休前用户也会浏览推荐内容，并给自己喜欢的内容评论等。分析用户的这些使用习惯，小红书能够有针对性地进行改进和更新，使用户对 App 更加爱不释手。

3. 通过联系实现操作情感化

企业要想实现产品操作情感化，就需要在产品和用户之间建立情感联系。企业要在对产品的操作步骤和用户的操作习惯进行分析和研究的基础上，体现产品对用户的关怀，让用户真正"爱"上产品。

三、 建立默认选择机制， 省心省力

默认选择机制可以帮助用户更高效地做出选择，缩短用户的决策时间，从而提升产品的友好性。默认选择机制正在成为一个重要的产品设计方向。

下面是用户会使用默认选择机制的几种情况。

（1）当用户缺乏时间或经验做出明智选择时，默认选择机制是用户的不二选择。默认选择机制被称为"经过检验的建议"。首先，在新增复杂功能时，企业要了解用户对该功能的熟悉程度。如果用户不熟悉该功能，则默认选择机制就能派上用场。其次，用户需要信赖产品提供的默认选择机制。如果用户不信赖这个机制，那么它反而会影响用户对产品的使用。

（2）用户做任何决策都需要耗费精力，面对复杂的情况，即便是熟悉的功能，用户也更愿意使用默认选择机制。但这也分为两种情况：一种是企业希望默认选择机制能够提升产品的使用体验，在这种情况下，企业应该尽可能地凭借默认选择机制减少用户判断和等待的时间；另一种是如果企业不希望用户使用默认选择机制，那就不要给用户提供过多选项，否则既费时、费力，还很可能会让用户做出无效选择。

（3）有侧重点的默认选择机制可以帮助用户减少投入的精力。这里的精力指两种：第一种是专注于使用默认选择机制所耗费的精力；第二种是形成偏好的精力。有侧重点的默认选择机制可以帮助用户形成选择偏好，而用户本身无须耗费额外精力。当用户需要完成一项长期且艰巨的任务时，默认选择机制可以帮助用户规划从任务 A 到任务 B 的最短路线，从而帮助用户节省很多时间。

（4）如果默认选择机制能让用户感受到归属感，那么就会让他们很难放弃使用产品。人一旦拥有某件东西，那么对该东西的评价就要比未拥有之前高。有些用户会更多地依赖产品本身给出的默认选项，也希望自己可以通过默认选项享受到优质的服务。所以，企业需要更用心地为产品设计默认选项，给予用户一定的归属感，让用户对产品爱不释手。

第五章

颜值法则： 用美感打造高价值产品

美好的事物能吸引人们的注意力，产品也不例外，高颜值的产品更容易成为爆品。因此，在产品设计上，企业要学会提升产品的颜值，用美感让产品更有价值。

为什么市面上的独家设计款比普通款价格高？为什么颜色漂亮的手机比普通手机的价格高？原因之一就是这些产品的颜值高、更漂亮、更与众不同。在这个产品过剩的时代，除了功能外，产品的颜值也是用户为其付费的原因。

一、 产品也应该有颜值

现在很多"高颜值的事物"都很火爆。例如当红流量明星在微博上发一张自拍照，短时间的点赞人数就会破万，甚至会登上热搜榜。不可否认的是，高颜值为这些明星打开了通路，带来了一定的收益。由此可见，颜值经济有着巨大市场，它不限于娱乐行业，而是体现在不少行业中。

近年来，原本严肃的博物馆掀起文创热潮，其中，"高颜值"的故宫文创受到了广大消费者的青睐，迅速在文创市场中占据领先地位。故宫文创的推出彰显着古老的故宫开始尝试年轻化的产品营销，故宫文创的相关负责人立足于传统的东方美学，挖掘其中的创意元素，以更贴近人们生活的方式，将大气、端庄、婉约的东方美带到消费者的日常中。

故宫文创的成功，离不开高颜值的加持。2022 年 9 月，首届中华传统工艺大会、第三届中国国际文旅博览会于山东省济南市开幕。在"中华手造展区"中，故宫博物院带来众多高颜值的国风文创，吸引无数参观者驻足。

故宫文创展览出的产品琳琅满目，包括与著名化妆师的联名彩妆"气蕴东方"系列，紫禁城祥瑞蟠龙与麒麟的摆件，以及一系列蕴含故宫博物院展品特色的创意办公文具、茶具、手提包、丝巾等，充满特色的高颜值产品吸引了诸多年轻人的关注。

故宫文创始终坚持"高品质、高颜值"的产品设计，将传统文化元素活化创新，融合到日常生活用品之中，使设计高端、精美的文化产品既有深厚的文化底蕴，又能够契合当代年轻人的审美情趣，引领了一波热潮，在微博、小红书等平台上，获得了很多流量。

故宫文创以喜爱国潮、追求美感的年轻人为目标群体，通过推出高颜值、高品质、实用性强的产品将优秀的传统文化传递给他们，可谓是效果显著的跨界营销。

高颜值的故宫文创产品使年轻人成为品牌的忠实用户，不仅契合了年轻人会玩、爱玩的个性，还激发了他们对国潮文化的喜爱。可见，独特的高颜值产品会比普通产品得到更多关注，成长速度也更快。

二、 思想颜值的重要性不可忽视

在产品的颜值设计中，思想颜值也是非常重要的部分。"思想颜值"也被称作社会性颜值，主要体现产品设计有没有反映社会现状、有没有以用户为中心等。随着时代的发展和技术的进步，用户不再只满足于产品的实际使用功能，而是还会关注产品的审美和文化功能等。

如果一款产品能够拥有漂亮的形状、精美的外观，那么产品的外在魅力值也会得到大幅提升。产品的形态能够用最快、最直接的方式向用户传递其视觉方面的信息，帮助用户快速了解产品。而如果一款产品能够拥有自己的思想、特点和"有趣的灵魂"，并真正以用户为中心，那么该产品一定会受到用户的追捧，假以时日会成为爆品。

例如 Juicy Salif（外星人榨汁机）是一款著名的柠檬榨汁器，其研发和设计就是产品拥有思想颜值的典型表现。这款榨汁机外形奇特，被人们形象地称为"外星人"，如图 5-1 所示。它是由著名的设计师菲利普·斯塔克设计的，成为当时产品市场中风靡一时的爆品。

图 5-1　Juicy Salif 柠檬榨汁器外观

这款榨汁机与其他榨汁机的外形和材质不同，吸引了广大用户的注意，在设计上为其赋予了思想颜值，使其不仅是一款榨汁机，更是一件艺术品。拥有这样一款榨汁器的用户，在获得产品使用价值的同时，也能为自己的生活平添一份独特的优雅和精致。

再如奶茶品牌蜜雪冰城将红色作为门店招牌的主色调，把这个红色招牌变成一个特殊标识，在市场中获得了较高的辨识度和知名度。这就是思想颜值重要性的体现。

除了一些生活中常见的品牌重视产品的思想颜值外，一些新型网站也在设计中加入了思想颜值这一元素。例如在一些常见的垂直导购社区中，页面设计者不只是单纯地利用社区功能充当网站引流的主要渠道，而是导入一些深层次的内容，包括主题导购、情感导购等具有思想颜值的内容，从而与用户建立信任，并尝试在精神层面打动用户。

在上述案例中，思想颜值具体表现为网站导购页面的情境化和情感化。形象地说，就是在网站的设置中，采用更加人文化的导购界面，并在其中植入产品的使用情境，将产品本身的描述弱化，用产品形态所具有的情感特征展示产品。

企业要想将产品打造成爆品，首先要学会在市场中发现商机，具备打破常规思考路径的能力。这样才能在设计产品时，从以功能取胜的思想，转变到以用户为中心的思想上。在当前的市场形势中，能够真正解决用户需求的产品才能够吸引用户、留住用户。

例如，过去用户购买手机都是看中手机的功能，手机的功能越齐全，对用户的吸引力越大，这就是典型的以功能为主的体现。但现在不同，用户在产品销售过程中占据了主要地位，如果产品不能满足用户的需求，用户就会转而购买其他的产品，这就体现了以用户为核心的思想颜值的重要性。

过去，企业常常在思考问题和设计产品时，以功能为核心，而不是以用户为核心，导致用户需求不能够得到充分满足。但现在，产品想要成为爆品，就需要将设计重心转移到用户身上，关注产品的思想颜值，从而获得更多用户的欢迎和喜爱。

需要注意的是，在这个转变过程中，企业不能将所有精力都放在用户身上，而要以产品功能的实现为基础，只专注于提高产品的思想颜值而敷衍地进行功能研发的做法是不可取的。

总之，企业要对产品的思想颜值进行优化，使产品更符合用户的生活情境与生活方式，体现出用户的品位或格调，从而激起用户对产品的购买欲望。

第二节　视觉锤：用美感优化产品

大部分人是视觉动物，视觉表现形式会比其他表现形式更容易吸引用户。产品的设计、颜色等视觉因素就像一把"锤子"，可以把其核心理念、价值观深深地"钉"在用户脑海中。

一、品牌颜色：跟随用户的喜好

做品牌就是讲故事，而颜色是最好的辅助工具。例如，星巴克的绿色咖啡杯和吉百利的紫色包装纸等，它们的颜色很容易让人想起该品牌的产品。之所以要为品牌搭配合适的颜色，是因为人的大脑拥有强大的视觉信息处理能力，比文字信息处理能力要强很多倍。这说明比起文字，人们更容易记住图片和颜色，尤其是一些视觉冲击力强的颜色，人们更不容易忘记。

各大品牌根据自身特点及定位为品牌搭配了不同的标识颜色。例如橙色象征着快乐、能量、友好、热情、阳光，通常被认为是能够刺激食欲的颜色，而且因为橙色比较明亮，也常应用于警告标签、零售或行动呼吁中。常见的应用橙色作为品牌颜色的品牌有芬达、爱马仕等。

绿色象征着自然、鲜活、生命、和谐、环境、新生、成长，会让人感受到生机，所以经常会被用来代表环保。常见的应用绿色作为品牌颜色的有赛百味、星巴克、蒙牛等。

蓝色象征着稳重、可靠、诚信、安全，是非常流行的颜色，会让用户对品牌产生信任感。蓝色通常应用于网上企业和金融机构。常见的应用蓝色作为品牌颜色的有饿了么、惠普、英特尔、海澜之家等。

就像品牌名称一样，颜色的内在含义也会成为品牌的内涵，并对提高品牌的辨识度有很大帮助。所以，树立品牌需要颜色的帮助。《市场营销中色彩应用差异》一文中，着重说明了各行各业在使用颜色时的不同。例如，大部分的信用卡公司都会在其 logo 中应用蓝色，而只有小部分的快餐品牌的 logo 会使用蓝色。用户每天要面对很多条广告的视觉轰炸，颜色会在潜意识中对用户形成视觉暗示，使用户对品牌形成一种固有的认知，从而在消费时影响用户的选择。

那么，企业应该如何为自己的品牌搭配颜色呢？以电视剧为例，一些人物或背景对比强的剧，反而会有些刺眼，不是很受观众的欢迎。而一些注重整体色调协调的剧，则会显得画面非常有质感，大受观众的欢迎。企业进行品牌颜色设计同样也是如此，既要让用户眼前一亮，又要使画面和谐、易于让用户接受。以下两个颜色搭配技巧可以达到这样的效果。

1. 选择饱和度偏低、 明亮度接近的颜色

如今许多品牌都开始使用低饱和度的中间色调作为品牌颜色，以求达到和谐的效果。

2. 颜色要贴合品牌的气质

在选择颜色时，相关设计人员不能依据个人好恶，而要更多地考虑品牌的形象和目标用户的偏好。例如，如果产品适合男性用户使用，那么设计人员可以选择蓝色，代表专业、可靠。此时如果选择了粉色，则与男性用户的气质不符，无法准确地向男性用户传递品牌文化。

虽然没有一种颜色能保证品牌营销绝对成功，但有些颜色会让企业错过用户，因为有些颜色已经在用户的脑海中形成了思维定式，与固有联想捆绑在一起了。

二、 图标设计： 规范化是第一位的

图标是产品的门面，体现着产品的规范化，关乎用户对产品的第一印象。图标不仅要体现产品的特色，还要足够夺人眼球、易于识别，以使其在众多产品中脱颖而出。

企业应该如何设计出既和谐又夺人眼球的图标呢？企业需要遵循可识别性、视觉统一、差异性三个原则，这三个原则对图标设计具有非常重要的指导作用。

1. 可识别性

可识别性原则被概括为大、黑、简。在视觉设计中，最受欢迎的颜色是黑色，其次是白色，所以黑色、白色的图标是使用最广泛的。多利用黑白两色实际上也是在增强页面中信息的可理解性，因为过多的颜色会干扰用户的理解力，也会消耗其寻找图标的时间。

因此，为了提高图标的可识别性，企业在设计产品图标时要根据用户的习惯选择颜色，切忌将图标设计得过于个性，不利于用户理解。采用黑白搭配的设计方式，图标比较简约，易于理解，有一定可识别性，基本不需要再配文字进行解释。

当然，图标设计还是要符合产品的风格。如果是比较个性化的产品，图标颜色肯定要突出一些。例如，某些图标会与实物保持相近的颜色，来降低用户在理解上的偏差。

在设计完成后，企业要做一个无背景测试和一个有背景测试，即测试图标单独存在时是否具有可识别性，以及在许多图标中间时是否具有可识别性。

2. 视觉统一

不同的图标具有不同的特征，不起眼的变化都会破坏图标的和谐

性，例如明亮度、形状、线条粗细的变化。所以，企业在设计图标时，要保证整体风格统一以及大小相似。

整体风格统一，即图标的画风和图案都是相似的，用户可以从细节上区分出每个图标。例如，设计一套杯子的图标，首先要统一线条的粗细，然后再选择一个合适的风格。为了进一步统一风格，还可以在杯子中加入酒。为了区分不同的图标，企业也可以把它们设计成装酒的不同样式的杯子，如图5-2所示。

图 5-2　杯子图标

大小相似是指要控制好图标的大小，切忌既有大图标，又有小图标。这是保持整体和谐的重要步骤。如果图标大小不一，界面会很混乱。具体来说，偏大的图标会抢走偏小的图标的关注度，也会给用户寻找图标增加困难。

3. 差异性

企业在设计图标时，要尽量保证图标之间的差异性，因为在应用时，不同的图标会代表不同的功能。如果图标没有明确的差异性，就会增加用户探索功能的时间。这个过程很烦琐，需要用户经历打开、探索、返回的过程，中间可能会因为图标太过相似而点错，这样就会降低用户使用产品的好感，从而让用户感觉产品使用起来很麻烦。

有些企业为了追求视觉风格上的统一，会忽略图标的差异性。这就需要企业对设计好的图标进行自检。企业可以找一个产品的忠实用户，给予不同的名词提示，让其从图标中挑选出对应项，以此来判断图标之间是否具有差异性。

当图标设计进入尾声时，企业还要开展一些工作。首先，企业要检查图标的尺寸是否统一、线条是否清晰、是否拥有高识别度和差异性；其次，企业要变换不同的场景，最好将图标导入到用户的实际应用场景中，检查图标在不同场景下是否有足够的辨识度；最后，要通过放大和缩小图标，了解图标在不同分辨率下的清晰度，确保图标是足够清晰的。

第三节　不将就的轻奢产品

随着收入水平的提高，人们开始追求更有品质的生活。于是，轻奢产品走入大众视野。与普通产品相比，这些产品品质更优秀、服务更贴心、外形更美观，也有更高的溢价空间。

一、 轻奢化内涵： 物超所值的好产品

轻奢的含义为"负担得起的奢侈品"。轻奢产品的代表性品牌包括蔻驰、蒂芙尼等。这些产品的价格可以被很多人接受，但是这些产品又比普通产品更讲究，已经成为不少人心中品质生活的象征。

轻奢在某种程度上代表一种"没负担、有品质"的生活方式。喜欢轻奢风格的大多是 25 ~ 35 岁的年轻人，他们有一定的经济实力，追求品质、健康及个性，他们更加注重服务质量及体验感。他们愿意多付出一些金钱，来获得高品质的生活和精神上的满足。

目前我国的轻奢市场规模已经达到上千亿元，而且不断增长的年轻消费群体还会使这一市场拥有更大的成长空间，以轻奢为主题的消费浪潮将持续火热。餐饮、家居、日用品、珠宝、服装等行业都相继推出了轻奢产品，这非常符合"90后""00后"群体的消费观，很多轻奢产品的销量也都呈现爆炸式增长。

很多消费者之所以青睐轻奢产品，不仅因为轻奢产品的质量，还因为其品牌形象会给消费者带来价值感。如果品牌的格调适合自己，消费者会对品牌进一步产生归属感。经济学家提出棘轮效应，即人的消费习惯形成后具有不可逆性。也就是说，当人们体验到更优质的产品时，很难再接受相对劣质的产品。这也是轻奢市场会进一步扩大的原因。

购买轻奢产品本质上并不是一种"为奢而奢"的奢侈消费行为，而是消费者对生活品质的更高追求。所以，轻奢产品不仅包含着产品本身的价值，还包含着产品的服务理念和品牌的附加价值。换言之，轻奢产品相对价格看似高，但绝对价格却不高。

相对价格是指多种产品之间价格的对比关系。一般来说，人们比较价格的方法，是基于经验对产品进行评价，即找一个同类产品作为参照物，然后比较它们的定价。所以轻奢产品常被人们认为价格较高，而实际上，轻奢产品只是相对价格高，这并不代表其绝对价格也高。

轻奢产品与普通产品在品质、服务、体验感上都存在差异，虽然二者可能是同类产品，但用户的使用感不同。轻奢产品在定位上"比上不足，比下有余"，即比普通产品高档，又比奢侈品更接地气。很多企业都追求轻奢定位，倡导向高端转型的理念，但其实这些企业并不明白产品的高端路线应该如何走，甚至有些企业只是将原有产品的价格提高"冒充"所谓的高端产品。

所谓高端定位是指将品牌定位在"高利益价值区间"的策略，而不是单纯地定位在高端人群。打造高端产品更不只是更换包装、修改产品价格那么简单。

价格高没有降低苹果手机的销量，反而还为其吸引了一大批忠实拥护者。这是因为苹果手机自诞生以来，主打的就是高端路线，无论是广告设计，还是营销模式，无一不保持此风格。

需要注意的是，轻奢产品不一定价格高，价格高也不一定就是轻奢产品。例如，有些产品没控制好生产成本，导致价格偏高，而实际上却无法为消费者带来轻奢产品的优质体验，所以只能被视为生产失误的低端产品。

轻奢产品虽然一般都是走高端路线，但所谓的"高端"不是价格高，而是为消费者提供的价值高。一些企业通过技术创新，将新技术与产品结合在一起，打造了一个区别于原产品的高端产品，使消费者获得了更高的使用价值。这才是真正的轻奢产品。

轻奢产品可以让消费者花高一点的价格，获得更优质的体验。因此，轻奢产品的价格一定要适当，既不能廉价，又要让消费者能够负担得起。轻奢产品往往有专属的目标群体，如果轻奢产品的价格超出了他们的购买能力，或远远低于他们的购买能力，都是不合理的。

除了价格合理外，轻奢产品大多会主打上乘的消费体验感，所以提升服务品质是企业始终要考虑的问题。例如，北京市有一家SPA，就是主打服务品质的轻奢SPA。它有不俗的品质，却没有传统五星级酒店SPA的价格，而且毗邻街区，交通十分便利。

五星级酒店SPA在传统意义上属于奢侈消费，但这家SPA价格远低于五星级酒店。然而，如果只考虑价格因素，可能很多人不舍得花费几百元去体验一次SPA，因为与洗澡、泡温泉等普通娱乐活动相比，它还是有些贵的。

这种"比上不足，比下有余"的定位就是轻奢。这家SPA为了保持这种"稍有些贵，但是体验很好"的定位，采取的策略就是打磨服务细节，例如让人放松的装修环境、知名品牌的美容产品、不主动推销办卡、尊重消费者隐私等。虽然这样的服务与五星级酒店相比还是没有那么高端，但至少比其他小型 SPA 店的消费体验更好。

总之，轻奢理念的核心就是比普通产品更优质，为目标群体提供他们心中的"高端服务"。因此，为产品增加一些优质服务，不失为一个打造轻奢产品的好方法。

二、 轻奢是一种生活方式

与普通产品相比，轻奢产品在功能上没有太大变化，更多的是增加了品质和设计感，然后借助品质和设计感向消费者传递品牌理念，以达到与消费者在价值观方面的契合，促使其买单。因此，与普通产品和奢侈品相比，轻奢产品销售的更多是一种生活方式。

"倡导新生活方式"是很多企业在宣传品牌时都会提到的，实际上"生活方式"这个概念很大，如果只将"倡导新生活方式"作为宣传点，很容易让消费者不明白产品的特色在哪里，更会模糊品牌的定位。所以，企业要根据产品特点及定位给"生活方式"增加一层定义。

现在人们对生活方式有一系列定义，如"极简主义生活方式""轻奢主义生活方式""90 后"的生活方式等。以"轻奢主义生活方式"为例，推崇这一生活方式的大多是当下经济独立的青年男女们。比起奢华的生活，他们更崇尚那种"刚刚好"、有特色、有品质的"轻奢生活"。

年轻人对轻奢的解读是"比普通更讲究，比奢华更自由"。轻奢可以是在经济承受范围内买最好的产品，也可以是在其他方面保持适宜消费，在喜欢的领域追求顶级。当然，具体如何选择，则要根据自己的意愿。所以，轻奢也可以理解为一种更自由、舒适的生活方式。

表层的生活方式是某一种产品的使用和消费方式；中层的生活方式则反映了一个人的价值观；而最内层的生活方式反映了人们的个性特征。因此，轻奢产品在宣传消费方式的同时，还要注重宣传品牌的价值观，这才是最重要的。

近几年，生活方式营销成为企业宣传的一个新策略，企业希望自己的产品成为消费者的生活方式，进而与消费者的生活建立不可分割的联系。例如，茅台集团研发的茅台冰激凌、无印良品推出的杂货铺，这些企业都在摸索全品类服务，目的就是全面进入消费者的生活。

生活方式营销拥有如此专注、持续的品牌渗透力，是因为它关注的是生活本身，让产品成为消费者的生活习惯，从而对消费者产生一种潜移默化的影响。那么，企业应该如何使自己的产品成为一种生活方式的象征呢？不断在广告里呼吁、倡导是起不了太大作用的，关键在于产品要真正符合消费者的喜好。企业可以从以下两个方面入手，使产品成为一种生活方式的象征。

1. 为产品贴一个鲜明的标签

贴标签是打造爆品的一个必要步骤。例如"轻奢主义""极简主义"都可以成为产品的标签，使产品具有一个鲜明的标识，从而利于消费者理解产品的定位与特点。现在很多企业都宣传自己要改变消费者的生活方式，但如果想给消费者留下深刻印象，企业还要清楚地告诉消费者自己的核心产品是什么、有什么特点、能为消费者的生活带来哪些改变等。

2. 坚持品牌理念

企业需要通过举办产品发布会、开展品牌营销活动等措施向消费者传递品牌理念，逐渐在消费者心中树立品牌。但消费者是善变的，树立品牌不能只顾迎合消费者的喜好。如果企业也和消费者一样善变，频繁更换主打的生活方式，那么企业将很难让自己的品牌在消费者心中留下深刻印象。

社会是不断发展的，企业不可能总是很准确地把握消费者的喜好。因此，几乎没有任何一种营销方式是适合企业的所有发展时期的。坚持品牌理念，以不变应万变也是一种不错的策略。

生活方式营销在很大程度上归因于消费理念的变化，以前的消费者只关注产品功能，现在的消费者还会关注品牌理念。他们认同品牌理念，向往其宣传的生活状态，就会更倾向于选择这个品牌的产品。例如一个向往"极客"和"发烧"精神的人，会倾向于选择小米手机；一个向往"简单"和"高品质"的人会选择无印良品的产品。当然，也许有些品牌的产品实用性并不强，消费者只是单纯为其设计和品牌理念买单。

生活方式营销其实就是对消费者的一种引导，当消费者不知道如何选择时，企业通过向消费者传递一种生活方式来引导消费者选择适合自己的产品。这种引导是潜移默化的，当消费者形成习惯，适应了这种生活方式后，产品就会成为消费者生活中不可或缺的一部分。

第四节　如何用颜值打造品牌溢价

如何让产品更有价值，是很多企业都在思考的问题。而提升产品颜值就是解决这个问题的方法之一。企业可以通过提高产品的颜值，让产品更美观、更有吸引力，从而增加其溢价能力。

一、颜值与品牌溢价相互作用

竞争战略之父迈克尔·波特在《竞争优势》中说："品牌的资产主要体现在品牌的核心价值上，或者说品牌的核心价值也是品牌精髓所在。"这个观点直接将品牌价值归结为品牌的精髓。品牌价值是指品牌可以为消费者带来的价值，包括其品质、个性、档次、文化内涵等。

品牌溢价则是指品牌的附加值，也就是一款产品如何在同类产品中卖出更高的价格。例如某超市中 500 毫升以上的矿泉水的价格大不相同：550毫升的冰露的价格为1元，550毫升的农夫山泉的价格为2元，570毫升的百岁山的价格为4元，500毫升的依云的价格为18元。如果只从功能上看，这些产品都是水，只有解渴一个功能，在味道上也没有很大区别，但价格却差了几倍，甚至十几倍。这就是品牌溢价的作用。

品牌价值是品牌的初期形态，而品牌溢价是品牌的最终形态。二者存在辩证关系，即品牌价值决定品牌溢价，品牌溢价反作用于品牌价值。

1. 品牌价值决定品牌溢价

品牌价值是品牌创立之初就存在的，其代表着品牌存在的意义，包括品牌的功效、品牌的定位、品牌可以为消费者解决的问题等。随后品牌进入成长、壮大的阶段，企业要针对目标群体进行营销，反复在媒体平台投放广告；针对其他竞品反复调整自己的产品；针对市场环境变化进行自我完善升级。而且，在品牌诞生前，体验经济时期的市场环境要更严苛。

经过市场的考验后，品牌得以存活，这时才可以称得上品牌真正的诞生。例如，宝洁自1988年进入中国市场后，就经历了一个漫长的发展过程。在30多年间，宝洁针对市场需求不断完善自己的产品，使产品获得了不俗的销售成绩。

在发展过程中，品牌价值在不断增加，直到发展到一定程度便产生了品牌溢价，此时这个品牌就会成为名牌。相关资料显示，要成就一个名牌，仅媒体投入或许就需要上亿元。如果进入海外市场，则需要投入更多资金和人力，而且还可能遭到原有市场的排挤。面对这种情况，最好的解决办法就是提升品牌价值，快速打开市场，巩固企业的发展根基。

2. 品牌溢价反作用于品牌价值

消费者多付出的钱，实际上是在为品牌付费，这就是品牌溢价所导致的价格差异。因此，品牌溢价在一定程度上代表着品牌已经成为行业佼佼者，消费者会在同类产品中优先选择该品牌的产品，甚至会接受产品有更高的价格。

价格是品牌价值包含的要素之一。在产品形成初期，产品会随着市场环境、受众群体的变化而变化。但随着市场形势的变化，产品的价格也发生变化。如果排除通货膨胀等特殊因素，价格提高就是品牌价值提高的外在表现。

例如，华为创立之初的产品价格与现在的产品价格有着天壤之别，其推出的 HUAWEI P50 Pocket 系列产品的价格可以与走高端路线的 iPhone 一较高下。背后的原因就是华为的品牌溢价能力提高。如果只考虑智能手机这一种产品，华为的品牌溢价已经被大多数消费者所接受，拥有非常不错的市场口碑。

需要注意的是，并不是有了品牌溢价能力就代表品牌和产品一定是成功的。由于市场竞争激烈、产品众多，因此并不是所有投放在市场的产品都能成为爆品。况且有些产品因为已经取得了品牌优势，在同类产品中价格可能偏高，所以没有很强的竞争力。

品牌溢价能力有时还与市场上同类产品的数量有关。也就是说，随着同类产品的数量不断增加，品牌溢价能力可能会下降。这是市场竞争逐渐激烈的原因，虽然这种竞争更多的还是在技术、品质方面，但价格也是不可忽略的因素。

如果竞争演变为价格战，加之消费者的选择变多，其注意力很可能会被其他品牌吸引。如果一些品牌为了获取短期收益而降价，那么就更可能导致品牌溢价能力下降。

二、 充分发挥领导者的 "言值" 力量

许多人都有名人崇拜的情结，这些名人的故事会更加被媒体和大众喜闻乐见，给予其更多关注。很多领导者和其品牌一样出名，如苹果公

司的乔布斯、福特汽车公司的亨利·福特、小米公司的雷军等。这些领导者有强大的"言值"力量，并通过这种力量塑造了一种广受消费者崇拜的形象，使品牌更有吸引力，从而进一步提升品牌溢价能力。

领导者的"言值"，是指其自身的形象气质、言谈举止及个人带动流量的能力，这些因素时常会体现在品牌形象里。例如，俞敏洪曾经在东方甄选的直播间与自己的员工进行互动，还与员工一起介绍产品，为自己塑造了一个亲切、外放、和蔼的性格形象。东方甄选作为一个新兴的直播带货品牌，一个愿意倾听意见、有亲和力的领导者更能为品牌加分。

在"6·18购物节"期间，京东推出"草莓音乐节""总裁价到"等直播活动，邀请多位名人通过京东直播和消费者互动，为消费者进行好物推荐并发放各种福利。京东重磅推出的"总裁价到"活动，上百名高层领导，如华为、海尔等企业的总裁都参与进来。

在京东的直播间里，企业高层领导纷纷化身主播，积极介绍并宣传自己企业的产品，吸引了广大网友的关注。与普通主播相比，这些企业高层领导更权威，也更有公信力，可以让消费者对产品产生强烈的信任感，从而带动产品销量的增长。

企业高层领导参与到品牌产品的宣传活动中，不仅能够使品牌吸引到更多消费者的关注，还能够通过与消费者的直接交流，展示出品牌领导者的亲和力以及知识、人品、风度、气质等人格魅力。从而使消费者对品牌留下更加深刻以及优质的印象，提高对品牌的关注度，进一步成为品牌的忠实用户。

领导者的公众表现、言谈举止往往能给品牌带来很大的附加价值。一个好的领导者知道该说什么、不该说什么，就像意见领袖能用寥寥几句话影响消费者的决策一样，领导者的某些行为可以拉近品牌与消费者之间的距离，为品牌塑造的价值观增加真实感。

第六章

迭代创新: 延长产品的 生命周期

时代在发展，没有一款产品能永远占据市场中心。而一款产品要想成为爆品，就必须比其他产品生存得更长久。因此，企业要不断对产品进行迭代创新，让产品适应时代的发展。

迭代创新的不同角度

迭代创新不是从 0 到 1 的创新，而在原来的基础上"小步快跑"。企业可以从减少过度设计、增强沉浸感等方面对产品进行迭代创新。

一、 功能处理： 减少过度设计

如果产品的功能繁多，那么用户往往会眼花缭乱，不能从中准确、快速地选择自己需要的功能。当用户无法很快理解产品、找到重点功能时，用户就会对产品失去耐心与兴趣，从而放弃使用。因此企业需要将产品的功能进行合并，方法如图 6-1 所示。

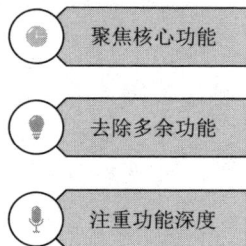

聚焦核心功能

去除多余功能

注重功能深度

图 6-1　对产品的功能
进行合并的方法

1. 聚焦核心功能

用户之所以会选择一款产品，是因为这款产品能够满足自身的需要。通常用户在挑选产品时，都会对产品有一个非常重要的判断标准，这一标准能够决定用户对产品的选择。如果同类产品的功能没有很大差异，那么核心功能就会成为用户在进行消费决策时的重要依据。

2. 去除多余功能

企业在迭代产品时，常常会陷入一个误区：增加一些不必要的功能。这样反而会降低用户满意度，长此以往会对产品的销售造成很大影响。另外，多余的功能还会占用空间。以 App 为例，其多余功能会占用手机内存，从而让手机的运行速度降低，进而影响其在用户心中的好感度。

3. 注重功能深度

优秀的企业在进行功能设计时，会特别注重功能的深度，不会用一些肤浅功能敷衍用户。例如，企业微信立足各大企业的需求，研发出打卡、审批、企业支付、公费电话、全局搜索等功能，如图 6-2 所示。

丰富的办公应用
预设打卡、审批、文件盘、汇报、公告等应用，提供丰富的第三方应用供选择，还支持API接入自有应用。

集成多种通信方式
有由公司统一付费的公费电话、高清稳定的视频会议、同会话紧密结合的企业邮箱，同步提高沟通效率。

强大的管理能力
手机端可快速建立企业通信录、管理应用、设置符合企业需求的配置，更有好用的Web管理后台，一齐为管理员提升效率。

图 6-2　企业微信的诸多功能

综上所述，企业在对产品的功能进行合并时，需要注重其功能深度，切忌在没有做好一个功能前，就去开发产品的另一项功能。这样用户不仅不能对产品的核心功能有深入了解，甚至还会分散用户对产品的注意力，最终对产品的销售和使用起到负面作用。

二、 沉浸感处理： 信息 + 情感 + 大脑

沉浸感是指在某个目标情境下，用户因为注意力高度集中，被完全吸引到某个产品中，从而获得相关情感体验、感官体验的强烈交互过程。通常用户的注意力越集中，其所获得的沉浸感就越强烈。沉浸感可以分为三个层次，如图 6-3 所示。

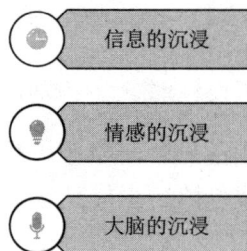

图 6-3　沉浸感的三个层次

1. 信息的沉浸

奇闻逸事、明星动态等独特性信息，可以让人们获得沉浸感。这个层次的沉浸感是初级的，通常只可以让产品博取用户的眼球。

2. 情感的沉浸

企业可以通过内容营销来实现对用户的情感刺激，唤起用户的情感共鸣，为用户打造良好的情感体验。例如，用户会因为某些与产品或企业相关的内容而感到开心，这就属于情感的沉浸。

3. 大脑的沉浸

大脑的沉浸是指用户的大脑完全沉浸于某款产品的状态，这个状态

常见于学习、工作、体验新事物等场景。

企业要做的就是借助信息带来的沉浸感，再结合情感的沉浸，让用户达到大脑的沉浸。现在非常火爆的元宇宙就能够为用户带来沉浸感，例如，得益于 VR、AR、物理引擎等先进技术，元宇宙游戏可以打破交互局限，更充分地调动用户的五感，让用户享受身临其境般的代入感和更真实的交互效果，从而使用户达到情感和大脑的沉浸。

元宇宙游戏《酿酒大师》是一款以经营酒厂为主要任务的养成类游戏。在游戏中，玩家可以尝试一下"穿越"的感觉，因为游戏会以百年前的中国为场景，为玩家模拟酿酒流程，让玩家参与酒厂的生产工作。值得注意的是，该游戏还加入了一些比较特别的元素，如房产管理、摆摊交易等。

在元宇宙与游戏融合的过程中，企业也可以将非游戏活动迁移到游戏中，如社交嘉年华、虚拟音乐会、虚拟电影院、虚拟商店等。这样可以使游戏内容更丰富，也有利于推动元宇宙游戏尽快实现商业化，从而为专注于游戏业务的企业带来更多盈利机会。

除了游戏外，社交领域也可以搭上元宇宙的"东风"，为用户带来沉浸感。一方面，有了元宇宙，用户不需要再通过当前社交平台上传统的文字、图片等形式进行互动，而是可以进行实时的面对面沟通，并通过语言、动作等实现深度互动。同时，各种场所，如游乐场、商场等都会在元宇宙中实现虚拟化，用户可以在其中轻松地进行有趣的社交活动。

在社交领域，虹宇宙（Honnverse）积极探索虚拟沉浸式社交，将语音、视频等形式融入社交场景中，使用户的社交体验更趋近真实。虽然目前很多场景还未搭建完毕，但在未来，俱乐部、商业区等常见场景将在虹宇宙中落地，为用户提供更多元化的沉浸感。

在元宇宙浪潮下，游戏、社交等领域中的企业不断开发元宇宙产品。未来，越来越多企业都会非常重视自身产品的沉浸感。因此，为了追赶时代潮流，在产品迭代过程中，企业要注重产品的沉浸感处理，致力于让用户深度沉浸于产品，对产品难以割舍。

三、 专利布局： 用专利推动创新

在知识经济时代，专利的价值和重要性越来越显著，通过打造专利组合来推动创新也成为各大企业追求发展的重要手段。专利组合应该有一定的规模，而且最好层级分明、功效齐备。这样企业才可以在特定领域具备比较强大的竞争优势，从而实现进一步创新。

总体来说，专利在创新方面的作用还是比较多的。

第一，有了专利，企业就可以更精准地了解技术发展趋势，抢占技术制高点。正所谓"手中有 IP（Intellectual Property，知识产权），心里才不慌"，当产品研发并迭代完成后，及时申请专利可以增加企业的知识产权储备。未来这些知识产权都可以成为企业实现创新的推动力。

第二，在迭代过程中，有专利的企业更容易和技术研发实验室等达成合作，从而使产品更受欢迎。但需要注意的是，合作双方要明确专利的归属权、行使方式、收益分配等。有了明确的规定，才可以避免法律纠纷，合作双方也才能更充分地将专利利用起来。

第三，专利彰显了企业的技术实力，可以在开拓市场、赢得用户等方面为企业带来便利。迭代后的新产品需要宣传和推广，此时企业可以通过专利保护品牌，通过品牌提升影响力。

对于企业来说，通过打造专利布局的方式来实现创新是一个不错的做法：

第一步，通过专利分析引导技术和市场方向；

第二步，挖掘专利，寻找创新方向；

第三步，全方位保护创新成果；

第四步，不断提升专利的法律价值和使用价值。

作为我国家居行业的领军企业，索菲亚又被称为行业内数字化转型的领头羊。自企业创立以来，索菲亚始终坚持"创新分享"的核心价值观，不断加大技术研发与创新的投入，截至 2022 年底，索菲亚已经在国家知识产权局拥有了 49 项有效的发明专利，专利数量为行业第一。索菲亚用专利推动创新，深耕技术升级、产品研发、数字转型等多方面，使企业发展速度不断加快，成为行业发展过程中的风向标。

四、 开放式创新： 打破创新局限

开放式创新，是一种基于经济学中"溢出"这一概念的全新企业管理范式，"溢出"即知识在原有边界之外产生的溢出。在开放式创新的过程中，企业能够突破创新的局限性，通过对超越自身边界的内外部知识的应用，打破传统知识以及组织管理的壁垒，引入新事物，使企业能够通过创新实现产业的转型升级。

有些企业比较了解市场，也知道用户喜欢什么样的产品，或者知道用户的痛点在哪里，但它们却不确定应该用什么样的技术方案来改进产品。对于这些企业来说，开放式创新方案十分合适，即通过自身渠道和外部渠道共同拓展市场，实现产品升级迭代。

例如，在无人驾驶领域，企业需要创新人工智能技术并开发算法，来完成数据的检验。但许多企业并不掌握开发这项算法的技术，此时，需要应用开放式创新的思维，企业就能够应用外部数据来进行测试。有许多企业通过与视频游戏相关企业开展合作，以视频游戏为测试依据，进行自动驾驶算法的测试。无比接近真实世界的视频游戏信息，能够帮助企业突破技术阻碍，高效开发无人驾驶项目。

当前，企业通过开放式创新实现突破的方式主要有四种：第一，企业之间通过开展战略合作，如大企业与技术专精型初创企业通过签订技术授权合同的方式合作，使大企业能够使用技术企业的软件、专利、技术等；第二，大企业能够通过并购的方式收购中小型技术创新

企业，从而使用它的先进技术；第三，通过股权投资，大企业可以获得科技企业的部分股份，并获得对科技企业先进创新成果的优先占有权；第四，大企业能够对早期项目进行孵化，例如海尔的海创汇、微软的云加速等。

近年来，越来越多的企业开始培育开放式创新的思维，不仅是从理论还是到实践都实现了开放式创新的完善与深化。华为就始终秉持着开放式的创新思维，具有战略性开放式全球视野，广泛凝聚人才、吸纳人才以及培育人才，充分吸纳来自先进技术企业的优秀成果，在开放式引进技术与理念的基础上培育核心能力，实现产业创新升级。

华为先后与西门子、爱立信等国际商业巨头签订对专利的付费使用相关协议，使其拓宽了自身的生存空间，获得国际市场的竞争资格。通过与掌握先进技术的巨头合作，华为不断补齐自身短板，不断提升产品的技术含量，并通过合作巨头在国际上的客户关系与企业信誉，使自身成功打入国际市场，提升品牌的国际影响力。

身处于技术推动创新、创新推动发展的时代中，各企业都需要不断开拓技术创新的渠道，利用好开放式创新的思维与模式，以开放带动创新，进而实现企业的蓬勃发展。

第二节　对产品进行迭代创新的流程

如何对产品进行迭代创新？首先，要明确产品的情况；其次，对相关需求进行精简；然后，进行完善的进阶性优化；最后，评估迭代效果，对产品进行局部调整。

一、 明确产品的实际情况

一款产品之所以能够成为爆品，与其不断进行优化和改进是分不开的。但爆品的优化和改进要立足于现状，可以说，在迭代过程中，明确产品的情况是一项基础的准备工作。

企业只有明确了市场和用户对产品的接受程度以及产品使用情况，才能对产品有一个全面的了解和把握，进而为产品的迭代提供依据。产品在投入市场后，会不断受到市场的检验。如果产品能够在众多同类产品中脱颖而出，成功存活下来，那么就可以说产品得到了市场和用户的肯定。

新产品成功上线，并受到用户的认可，不仅会为企业带来大量人气和名气，也会让企业获得更多利益。这时，企业就要开始对产品进行迭代生产。在研发工作完成后，企业会积累丰富的研发经验，对市场情况和用户需求都有了一定的了解。

如果一款产品在投入市场后，获得了用户的认可，那么其成功的研发经验，能够为产品的进一步迭代提供保障。如果一款产品失败了，那么企业就要考虑哪些地方出了问题，并对这些问题进行改进。至于是否要再研发一款产品，企业就需要结合自身条件谨慎地思考。

因此，企业需要对产品现状有非常深入的了解，以此为依据进一步对产品进行迭代升级，优化用户体验。那么，企业可以从哪些方面入手明确产品的现状呢？如图 6-4 所示。

图 6-4　从三个方面明确产品的现状

1. 产品自身

之前研发的产品通过了市场的检验，获得了用户的认可，说明产品自身是没有问题的。在此基础上研发下一款产品，就会较为容易。

正所谓"知己知彼，百战不殆"，企业除了要了解竞品的情况外，更重要的是了解自己的产品现状。对产品进行分析能够帮助研发人员和推广人员了解产品的被接受度和被认可度，从而判断产品在市场中的竞争力。市场和用户对产品的接受度和认可度可以体现产品的现状，企业可以在此基础上对产品进行优化。

2. 用户反馈

用户反馈是产品迭代的一大重要依据。用户作为推动销售额和销售量上涨的核心对象，决定着产品是否需要进行迭代生产。因此，企业要想了解产品的现状，就需要重视用户对产品的建议和要求，做好记录并进行深入分析和研究，在此基础上更好地对产品进行迭代。

3. 市场反响

产品迭代需要以产品在市场上的反响情况为基础。产品投放到市场中，市场会给产品一个直接、公平的反馈。例如，市场占有率是评判产品成功与否的一个重要指标。一款好的产品，往往有较高的市场占有率，能够获得用户的青睐。在了解了市场反响的情况下对产品进行迭代，能够使产品更符合用户的期待，会有很大概率再度使产品大卖。

二、 对相关需求进行精简

通过了解产品的实际情况，企业可以获得用户反馈，并从中挖掘需求。但有些需求无法直接应用于产品迭代。为了更好地了解用户，企业需要进一步精简需求。

张先生是一家互联网企业的设计人员，在进行产品迭代时，他遇到了困难——用户的需求十分繁杂，找不到产品迭代的突破点。在反复试错并遭遇困境后，他决定召开一次用户需求讨论会，把负责市场和研发的人员都召集起来，重新梳理用户需求。

根据拉新、促活、转化三个方面的业务重点，张先生决定从会员积分功能、定制化游戏运营、完善社交关系链等方面进行产品迭代，以提高用户触达效率及活跃度，更好地帮助企业留存用户，解决获客成本高的问题。在实际操作时，张先生是这样做的，如图 6-5 所示。

图 6-5　精简需求的做法

1. 市场调研

首先，张先生及其团队通过市场调研收集用户对产品的需求；其次，通过第三方发布的需求数据或行业数据报告，分析出整个行业的市场需求；然后，与之前收集的用户需求进行对比，从而提炼出用户最迫切的需求；最后，根据这个需求对产品的相关功能进行升级。

2. 需求处理

在处理需求时，首先，张先生对需求进行筛选，优先舍弃无效需求；其次，进行需求整合，将各种需求分类，了解用户对产品的满意程度、产品出现的问题、用户对产品迭代的意见和建议等；最后，把整理好的需求进行优先级排序，明确哪些需求需要第一时间处理、哪些是用户最普遍的需求。经过层层筛选和提炼，张先生获得了最核心的用户需求。

3. 会议讨论

张先生从目标群体中选出了一些有代表性的用户，并邀请业界专家，通过座谈会的方式让他们发表自己对产品的看法。张先生没有在会议中设置专业问题，而是让参会人员就产品的实际情况进行讨论。整个会议的氛围非常自由，大家畅所欲言，张先生从中得到了最真实的反馈信息。

4. 竞品分析

张先生对市场中的同类产品进行了分析，调查其功能设计和用户体验，以便进一步提炼用户需求。另外，张先生还将同类产品与自己的产品进行了对比，分别列出优劣势。这样他就可以在功能设计、用户体验、营销方式等方面取长补短，进一步缩短研发、改进产品的时间。

5. 了解用户

张先生在完成产品升级后，对产品进行了小范围的内部测试。他主动免费为老用户升级产品，将他们的反馈与团队得出需求作对比，然后对产品功能进行相应删减和优化。

综上所述，企业在对产品进行优化与创新时，不仅需要明确其实际情况，还需要对相关需求进行精简，找出对产品的销售和推广有深刻影响的要素。之后，企业则需要根据需求分析结果，明确应该从哪些方面入手进行产品迭代，从而进一步提升产品迭代的效果。

三、 做完善的进阶性优化

当用户对产品熟悉后，如何对产品进行进阶性优化是企业下一步需要思考的问题。企业可以运用以下几个方法对产品进行完善的进阶性优化，如图6-6所示。

图 6-6　进阶性优化产品的方法

1. 优化功能

首先，企业要提升功能曝光度，即努力让用户看到某个功能，并确认这个功能是否适用于指定场景，以及这个功能是否还能获得更高的曝光度。其次，企业要增加一些功能引导，提示用户在合适的场景采用合适的功能，例如，"气泡"或"红点"等都是给予用户提示、引导用户操作的方式。最后，企业要调整入口页面布局，确保页面是简洁明了的，从而帮助用户更方便、快捷地使用产品。

2. 制造差异

当产品的多个功能可以实现同样的目的时，企业就需要制造差异，突出每个功能的特点，让用户在想要进行某个操作时，可以条件反射般地立刻联想到对应的功能。此外，企业要找到功能和用户之间的联系，投其所好。无论何时，在产品中加入用户最关注的功能都是非常重要的。当然，企业还需要确认功能是否根据不同的用户，做了不同的处理。

3. 减少阻碍

产品的使用过程是否顺畅在很大程度上影响着用户对产品的满意度和产品的市场占有率。企业要站在用户的角度进行产品设计、研发，充分考虑用户的操作习惯以及需求，减少用户使用产品过程中的阻碍，使用户获得极致的使用体验。

企业还可以把一些功能放置在比较愉悦的场景中，这样有利于让愉悦心情冲淡用户的烦躁、无趣感，从而使用户更开心地使用产品。

4. 隐藏复杂功能

如果产品的某个复杂功能必须留下，那么企业不妨选择将其隐藏。通常一个复杂功能会比一个简洁功能占据更大的空间，因此，企业要想让产品看起来更简洁，就应该选择将一些不常用的复杂功能隐藏起来，确保常用的核心功能在最显眼的位置。

总之，企业应该不断对产品进行迭代创新和进阶性优化，提升产品的价值，延长产品的生命周期，从而留住更多用户。

四、 评估最终效果， 再做局部调整

通过上述内容，产品迭代工作基本已经完成，接下来就是对迭代效果进行评估。评估迭代效果是产品迭代的最后一个环节，也是决定产品是否要再次进行微创新的重要因素。因此，企业要"打起十二分精神"，对迭代效果进行全面、细致的评估。

企业可以设置评估标准，根据各项标准对迭代效果进行评估。通过评估，企业也可以获得产品是否要再次迭代的判断依据，从而进一步提升产品的质量。

另外，现在是技术当道的时代，人们的工作效率很高。企业在评估迭代效果时，也可以借助一些技术手段。例如，企业可以利用大数据等技术对产品进行数字化建模，这样不仅能够减少迭代失败，节省迭代成本，还能提高产品的销售成绩。

在对迭代效果进行评估时，企业还需要考虑多方意见，对设计人员、研发人员、营销人员、销售人员等与产品有关人员的意见进行仔细分析和考量，并详细了解和掌握产品的市场情况，最终确定如果产品还需要再次迭代，那么是否应该重新对迭代流程进行微调。

如果迭代流程没有问题，那么当产品再次迭代时，企业就只需要对产品进行微创新，同时研发和设计新一代产品。如果经过评估，最终判定迭代流程存在一定的缺陷，那么就要根据实际情况对迭代流程进行分析，寻找弥补和解决缺陷的方法。

总之，迭代效果要根据实际情况进行评估，不能为了追求产品在市场上的更新速度，盲目地进行产品迭代。这一点需要企业牢牢记住。

五、 Keep 的迭代路径分析

企业之所以要不断迭代产品，目的就是更好地满足用户的需求。下面以健身 App Keep 为例，分析企业应该如何对产品进行迭代。Keep 的迭代路径大致可以分为以下三个阶段。

1. 第一阶段（2015 年 2 月—11 月）

第一阶段是 Keep 的探索期，主要通过增加功能、优化页面等方式进行产品迭代。在这一阶段，Keep 打造了数据中心，以可视化方式将训练情况展示给用户，增强了用户的黏性；增加了查找微博好友和通讯录好友的功能，还开设了达人榜、推荐榜、新人榜等榜单，充分满足用户的社交需求；增加了分享数据、课程在第三方平台播放的功能，有利于产品推广及拉新。

2. 第二阶段（2016 年 4 月—2019 年 12 月）

第二阶段是成长期，重点是获取用户、提高用户留存率、推动商业转化。在这个阶段，Keep 积极进行商业化探索，并不断丰富课程种类，还增加了户外跑、运动新品推荐、运动排名等功能。可以说，Keep 不仅为用户提供了多样化的运动场景，还进一步优化了用户的使用体验，有利于提升拉新与留存效果。

从 2016 年到 2019 年，Keep 一直没有停下迭代的脚步。2016 年，

Keep 上线电商业务，主要销售一些轻量级运动类产品；2017 年，Keep 升级产品定位，并在室内健身场景的基础上扩展室外健身场景；2018 年，Keep 开设了线下门店 Keepland；2019 年，Keep 推出健身轻食产品线，并发布 Keep 手环、Keep 健走机、动感单车等新品。

3. 第三阶段（2020 年 1 月至今）

从 2020 年 1 月至今，Keep 处于成熟期。在这个阶段，Keep 有了一定的用户积累，也逐渐实现了商业化落地。而且凭借优化运动页面、推出课程投屏服务、开展智能私教计划、记录脂肪消耗数据等方式，Keep 的用户留存率也有了大幅度提升。

2020 年 5 月，Keep 做出了一个非常大的改变：从原来的 PGC 模式（完全自主生产）转化为 PUGC 模式（第三方健身 KOL 生产内容）。为此，Keep 与国际健身品牌合作，邀请超级运动达人入驻平台，目前已经推出了上百节运动课程，收获了大量粉丝。

2022 年 6 月，Keep 上线了升级版 App，增加了一个让很多用户都惊喜不已的功能——集中管理不同平台的跑步数据。有了这个新功能，用户就可以将储存在其他跑步 App 上的历史跑步数据导入 Keep 的数据库，从而更方便、快捷地查询自己需要的信息。

Keep 的多次迭代使用户的健身体验不断优化，也让健身不再是一项那么苦和累的活动。在这个过程中，Keep 累计完成了多轮融资，获得了上亿元资金。随着经济实力的提升，现在的 Keep 已经成长为集内容、软硬件、服务为一体的多元化 App。

下篇

规划营销方案

第七章

新品营销：帮助用户打开认知入口

在新品上市过程中，宣传是一个非常重要的环节，因为这个环节是塑造新品在用户心中第一印象的绝佳机会。根据首因效应，双方的第一印象会对双方今后的交往形成重要影响。可见，新品能不能成为爆品，与其第一次在用户心中形成的印象有很大关系。

警惕新品营销的四大误区

企业在宣传新品时，很可能会在不经意间给用户留下不好的印象。之所以会如此，是因为企业没有警惕新品营销的四大误区，导致自己不小心"踩雷"了。

一、不了解用户，出现"负体验"

推出新品是一件值得开心的事，但如果企业因为不了解用户，而让新品出现"负体验"，那就得不偿失了。所谓"负体验"，指的是仅可以维持基础的用户体验，即使企业持续投入大量资源和精力，用户对新品的满意程度也只是停留在基本满意（60分）、不满意（不及格，即60分以下）等程度，而很难达到满意（80分以上）状态。

如果用户认为新品为自己带来了"负体验"，那就很难对新品有好感，也不会将其推荐给亲朋好友。因此，企业要想让新品得到更大范围的传播，就必须在用户体验上多下功夫，争取让体验爆棚。那么，企业如何才能让体验爆棚呢？可以从以下几个方面入手，如图7-1所示。

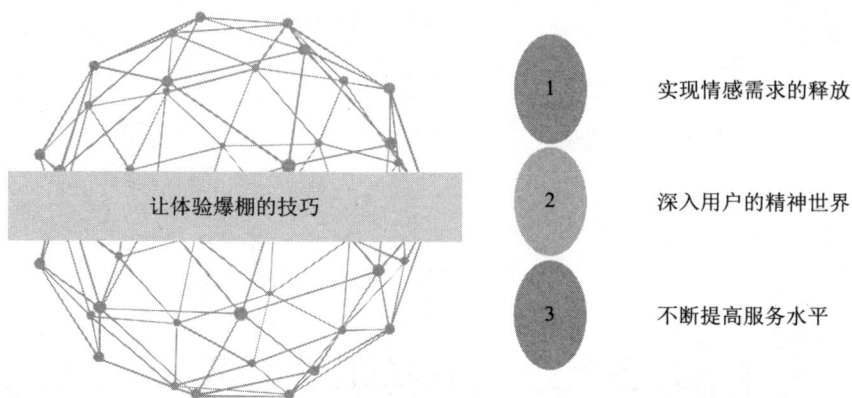

图 7-1　让体验爆棚的技巧

1. 实现情感需求的释放

广告能够提升品牌影响力，增强用户对产品的信任感。以某知名美妆品牌为例，其广告就充分展示了质量优势，吸引了一大批看重质量的用户。当广告越来越普遍后，用户的关注点也会发生变化，即开始想要了解产品的核心功能。

随着时代的变迁，消费水平不断提升，用户更愿意追求情感共鸣。因此，企业在进行营销时，充分让用户的情感需求得到释放，这样才可以让他们感受到极致的体验。

2. 深入用户的精神世界

之前，用户在选择产品时更加关注产品的质量，但是在产品同质化越来越严重的趋势下，用户更关注产品能否满足自己深层次的精神需求，或者能否给自己带来前所未有的体验。例如，某品牌之前发布了一个情感故事广告，该广告触动人心，可以让用户获得情感体验，从而推动新品传播。

3. 不断提高服务水平

服务是影响体验的一个重要因素，一个足够优质的服务可以让用户感受到温暖。华为之所以能够推出爆品，一个重要原因是其始终秉持着以体验为核心的经营理念。无论何时，华为的产品总是可以做到精益求精、追求极致。如今，用户对产品的要求日益严格，华为致力于实现产品功能的多样化以及用户体验的最优化。

另外，在工匠精神的指引下，华为秉持着给用户带来极致体验的发展理念，致力于给用户呈现高质量的智能手机。

体验对于爆品打造的重要性不言而喻。如果一件新品只能给用户带来"负体验"，那么就很难获得用户的青睐和认可。而如果用户通过新品获得了极致体验，那就会帮助企业打开市场。可以说，极致体验不仅是推广新品的"良药"，也是增强用户黏性的"法宝"。

二、 缺少试用环节， 用户无法接触新品

在营销过程中，很多企业会采取"新品免费体验"的策略来吸引用户。新品好还是不好，用户通过亲身试用，就能够得到答案。用户通过对新品进行直接体验，会对新品形成一个大致的了解，这样更能够激发其对新品的购买欲望。

与市场上已有的产品相比，新品因为不被用户所了解，所以往往会处于下风。再加上用户在购买新品前并不了解其质量，所以很可能会阻碍其进一步占领市场。例如，用户在去超市购物时，销售人员介绍了一款护发素，并表示这款护发素能够让头发顺滑、有光泽。但用户对销售人员的介绍并不感兴趣，分析其中的原因，很大概率是用户在使用这款护发素前，是无法判断其质量的，甚至可能会认为其不能满足自己的需求。因此，用户会觉得这款产品是不好的，便选择不去购买。这就是产品缺乏先验性价值的体现。

其实包括护发素在内的很多产品，如手机、电脑、游戏机等，如果用户没有提前试用，是很难判断产品质量的，从而影响用户的消费决策。因此，企业要筛选出需要让用户试用的产品，为用户提供免费试用

产品的机会，使用户亲身感受产品的优势。之后企业还需要对产品的优势进行集中宣传和推广，促进产品销售。

三、 试用后无法感知新品的价值

有些新品的价值及效果无法在短期内体现出来，因此即便用户试用了新品，但还是无法判断新品的质量，如常见的保险产品、保健食品等。用户在试用这些新品后，往往不会从中获得太大的价值，从而对这些新品产生怀疑，阻碍其营销和推广。

用户在试用新品后无法感知其价值，通常是产品缺少后验性价值的体现。后验性价值是相对于先验性价值而言的。其实相比于缺乏先验性价值，新品如果缺乏后验性价值，那其营销和推广会更艰难。因为企业可以为缺乏先验性价值的新品提供试用服务，这样新品就能比较容易地获得用户的关注和喜爱。而缺乏后验性价值的新品则不同，用户在试用后通常感受不到很大的变化，或者其效果不明显。这样容易造成用户流失，使新品失去市场。

以医疗保险产品为例，用户购买保险产品是为了给自己或家人一份保障，感受到的通常是一种相对隐形的服务。换言之，如果用户自己或家人并未出现健康问题，那么保险产品就不会发挥作用，用户就无法感知保险产品的价值。

但我们必须承认，保险产品是有价值的。用户在购买保险产品时，虽然会将注意力放在其显著价值上，但对其之后的使用价值和隐形价值还是有一定的考虑的。针对这种情况，企业需要仔细分析，从中找到对此类产品进行营销的方法，例如，重点向用户展示购买此类产品的好处、告知用户在使用此类产品一段时间后会获得什么回报等。总之，企业应该从各个角度实现产品后验性价值的提升，从而打开市场，促使产品成为爆品。

四、　推出了不符合用户认知的新品

有些新品具备非常明显的特征，这些特征可能不符合用户对原有产品的认知，甚至会将用户的既有习惯打破，使这些新品很难在市场上得到良好的营销和推广。一般来说，打破用户认知和既有习惯的新品的价格会比较高或比较低。例如，一个冰激凌的市场价格大约是 5 元，但如果某个冰激凌品牌推出了一款新型冰激凌，定价是 80 元，这就打破了用户对冰激凌的既有习惯，其销售过程会受到阻碍，不利于其推向市场。

既有习惯是指用户长时间使用产品所慢慢形成的一种习惯。在新品的设计和研发中，用户的既有习惯是一个非常重要的参考指标，企业需要根据这个指标推出顺应用户本能行为的新品。

以智能手机的滑动解锁功能为例，这个功能就是在用户本能行为的基础上设计出来的。相关科学研究显示，手指在光滑的平面上滑动是人们的一种下意识行为，滑动解锁功能便符合了人类的这种下意识行为，从而大幅度提升了用户对智能手机的喜爱度。

由此看来，用户的既有习惯与其本身的天性和本能有着很大关系。如果新品在营销和推广过程中，打破了用户的既有习惯，就是与用户的天性和本能抗衡，这样的新品通常很难被用户接受和喜爱。虽然用户的既有习惯是可以培养的，但对于进行新品营销的企业来说，打破或改变用户的既有习惯是非常困难的，不仅会耗费时间，还会增加营销成本，所取得的效果也并不能在短时间内表现出来。

如果企业推出的新品打破了用户的既有习惯，就会让用户对新品产生一种心理上的不适应感。他们甚至会认为新品不符合自己的既有认知，从而产生自己的购买行为是违反常规的想法。而且，他们也会有心理落差，认为新品还比不上原有产品，从而降低购买欲望。

第二节 如何做好新品营销

新品一般缺少用户基础，因此新品往往需要从零开始在用户心中建立认知。企业如何做好新品营销，使新品"一鸣惊人"呢？这是一个非常值得思考的问题。

一、转移动机，降低用户接受门槛

用户对新品的接受门槛往往比较高，这是因为用户对新品不了解，在试用新品时也可能会遇到一些障碍。所以，企业需要针对新品的实际情况制定相应的使用方案，突破新品的障碍点。解决这个问题的方法很多，如转移用户动机法。这种方法能够让用户的注意力发生转移，即把用户的注意力从操作简易程度上转移到需求是否被满足。

以智能手机为例，企业在向老年人推销智能手机时，可以对他们的注意力进行转移。如果他们提出操作烦琐等问题，那么相关人员可以介绍他们在学会使用智能手机后可以获得哪些好处，如能够和离家的儿女进行视频交流、可以随时随地和儿女聊天等，以便帮助他们缓解思念之苦。由于很多老年人对远在他乡的儿女非常牵挂，因此智能手机在老年市场中还是存在广阔的发展空间的。

如果新品能够满足用户的需求，用户就会将注意力转移到需求上来，而不再纠结于新品操作烦琐等缺点，从而重新产生了解新品的欲望。这种转移用户动机的方法往往很有效，因为用户使用新品的动机是不定的。无论是第一次试用新品，还是后续使用新品，用户的动机往往会发生变化。所以，在新品接受门槛高的情况下，转移动机能够帮助新品重新获得用户的青睐。那么，如何才能转移用户的动机呢？方法如图 7-2 所示。

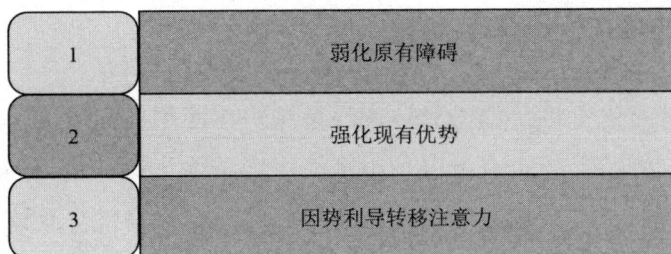

1	弱化原有障碍
2	强化现有优势
3	因势利导转移注意力

图 7-2　转移动机的方法

1. 弱化原有障碍

用户接受门槛高是很多新品都存在的问题。但是，企业如果能在整个新品的营销和推广过程中把用户使用新品的障碍弱化，那么就可以在一定程度上转移用户的注意力。

企业应该如何弱化用户使用新品的障碍呢？这就需要企业对新品有详细、全面的了解，在营销过程中多提及新品的优势和特色，尽量少提新品的缺点。这样能够使用户将自己注意力转移到与新品相关的其他方面上。

2. 强化现有优势

新品的营销和推广在一定程度上是新品优势大集合，企业应该直接向用户介绍新品有什么优势。换言之，在改变用户的动机时，强化现有优势的过程就是将新品的特色和亮点展示出来的过程。在这个过程中，企业可以利用用户的好奇心，牢牢地吸引用户的注意力。

3. 因势利导转移注意力

在推广新品时，企业需要对新品进行包装和宣传，这时主动权全部掌握在营销人员的手中。营销人员对新品的特点了解得十分清楚，能够在营销过程中对营销节奏有所把握，将用户的注意力转移到新品的优势和特点上，从而弱化新品的使用障碍，使新品获得用户的青睐。

二、 将新品的优势具体化

新品缺乏先验性价值的具体表现是用户在使用新品前无法判断其质量。针对这种情况，企业可以采用将其优势具体化的方法。例如，支付宝旗下的理财工具余额宝在初入市场时，就是将自身优势具体化，并将自身优势大肆地宣传出去。余额宝此时与银行等金融机构推出的投资理财产品还有一定的差距，但其在收益方面却是比较有优势的。余额宝能够将用户每天的收益展示出来，让用户能够清晰地看到产品带给自己的回报，从中获得满足感。这就是优势具体化的表现。

还有一种情况，用户在使用新品前感觉其使用价值太低。这时企业可以转变宣传策略，将侧重点从使用价值转移到使用损失上。这种方法巧妙地利用了人们的"损失厌恶心理"，在这种心理作用下，人们往往对较小的利益关注度不高，却对自身损失非常重视。

可以说，即使只有一点点损失，人们都会较为关注。这时企业可以将新品的优势具体化，体现出新品能够帮助用户弥补损失的特点，使新品获得用户的关注，得到用户的信赖。在营销和推广中，如何才能将新品的优势具体化呢？关键点如图7-3所示。

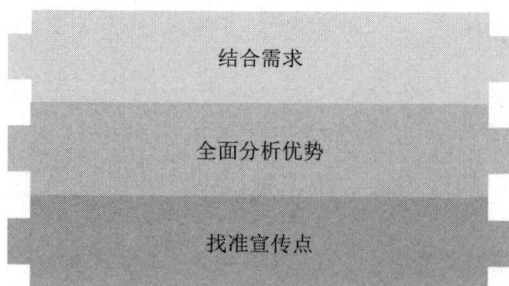

结合需求

全面分析优势

找准宣传点

图7-3 如何将新品的优势具体化

1. 结合需求

企业在宣传和推广新品时，应该充分考虑用户的需求，从满足用户需求的角度出发，将新品的优势和用户需求结合起来，最终找到一个合适的营销策略。

2. 全面分析优势

新品的优势是企业在营销和推广新品时需要重点关注的内容。企业需要对新品进行全面分析，明确新品的优势，尤其是核心优势，并将这些优势以海报、视频等方式展示给用户。

3. 找准宣传点

企业要想将新品的优势具体化，必须找准新品的核心宣传点，以便达到事半功倍的效果。找准新品的宣传点后，企业就可以很轻松地与用户建立情感联系，也可以将新品的优势以具体的文字或图片形式展示出来，使新品更容易获得用户的青睐。

在营销过程中，根据上述三个关键点对缺乏先验性的新品进行宣传和推广是可行的。这样可以使新品在市场上获得较高的占有率，最终成为爆品。

三、 将新品与热点绑定

解决新品缺乏关注度这一问题的方法有很多，其中效果比较显著的方法是，将新品与用户高度关注的热点绑定，利用用户对热点的关注，进行新品的宣传和推广。

通俗地说，将新品与热点绑定其实就是"蹭热点"，即利用社会上热度比较高的话题进行新品的宣传和推广，从而为新品打开市场。现在热点经常成为瞩目的焦点，企业如果能够顺应大环境，通过借力热点为新品造势，会节省很多精力和成本。

2022 年 2 月，北京冬奥会顺利召开，吸引了跨圈层、跨年龄、跨国界的民众关注。在冬奥会期间，吉祥物冰墩墩席卷各大社交平台，获得了一大批"颜粉"。短短数日，冰墩墩成为热度远超虚拟偶像玲娜贝儿的新晋顶流。

仅 2022 年 2 月 6 日当天，冰墩墩就占据了 16 个微博热搜推荐位，其话题视频在抖音上的播放量更是突破 40 亿。总之，与冰墩墩相关的内容热度居高不下，很多品牌都将营销重点放在了冰墩墩上。例如，为了推广新品，伊利在自己的抖音直播间里将冰墩墩作为礼物送给消费者，获得了消费者的广泛关注，其新品的销售成绩也十分亮眼。

除了伊利外，安踏、盼盼等冬奥会官方合作伙伴、赞助商也抓住冰墩墩这一热点，为直播间吸引了很多流量。安踏通过在直播间送冰墩墩，3 天增加了上万粉丝，直播间的观看人数突破 10 万；盼盼在直播间送出 100 个冰墩墩，仅用了不到 20 分钟，观看人数就从"4 000 ＋"提升到"10 万 ＋"。可以说，冰墩墩是用户进入安踏和盼盼的直播间的最大吸引因素。

将新品与热点绑定，能够使新品获得广大用户的关注，从而为新品的营销和推广奠定了基础。那么，在将新品与热点绑定的过程中，企业需要注意哪些要点呢？如图 7-4 所示。

图 7-4　将新品与热点绑定的注意要点

1. 软性植入热点才有最优效果

企业在借热点时，创意非常重要，要给用户一种自然、舒适的感觉。如果企业直接进行硬性植入，或者选择与新品不匹配的热点，那么很可能会产生东施效颦的效果。例如，一个专门销售中老年服装的品牌如果执意要借"国潮"的热点，是很难促进产品销售的。毕竟中老年人更看重服装的舒适感和价格，对是否有潮流元素可能并不是那么在意。

2. 借明星的热点需要考虑粉丝的感受

比如两个明星在微博上各执一词，谁也不肯退让。某企业通过自己的官方微博发了一篇文章，大致内容是为其中一位明星说好话。然而，另一位明星的粉丝基础非常强大，该企业没有考虑到这些粉丝的感受，一味地想蹭热点，结果遭到了这些粉丝的攻击，可谓是得不偿失。

3. 借热点要遵守道德底线

企业想蹭热点，但绝对不可以不择手段、违背道德底线。企业要想让用户支持自己的新品，首先需要优化品牌形象，将自己打造成为一个价值观正确、弘扬正能量的品牌。企业付出的努力其实都是在为自己积累价值，如果仅为了提高一时的关注度而做出不符合常理的行为，那么肯定会影响用户对品牌的信任感。

对于企业来说，蹭热点进行新品的宣传与推广，肯定是大有益处的，但企业不要对这种方法过于执着。因为蹭热点不当，不仅不会对新品的宣传和销售产生积极作用，反而会影响企业的形象，给企业带来负面影响。

四、 对新品归类进行调整

如果产品不符合用户的既有认识，那么企业不能简单地将说服用户作为推广产品的突破口。例如，某新款冰激凌的价格是 80 元，这个价格是普通冰激凌的数十倍。此时如果该品牌还是按照原有方案进行产品销售，那么销售成绩不会很好，甚至可能会出现滞销的情况。

但如果品牌转变思路，将其定位为轻奢、高品质产品，并将其放到五星级酒店或高级餐厅进行销售，那么用户对其的感觉就会大不相同。因为在五星级酒店或高级餐厅里，用户可能不会觉得 80 元的冰激凌非常贵，因为其他产品同样价格不菲。

由此可见，企业在应对这类情况时，可以调整新品归类，借助用户对原有产品的认识，使用户逐渐接受新品在市场中的定位，从而更好地实现新品销售。那么，企业在调整新品归类时，需要注意哪些方面呢？如图 7-5 所示。

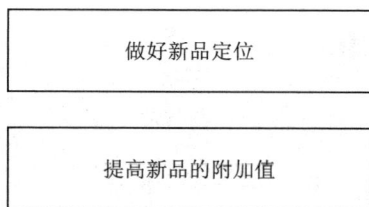

```
┌─────────────────────────────┐
│         做好新品定位         │
└─────────────────────────────┘

┌─────────────────────────────┐
│       提高新品的附加值       │
└─────────────────────────────┘
```

图 7-5　调整新品归类时需要注意的两个方面

1. 做好新品定位

企业要想做好新品定位，应该对新品目前的类别和即将归属的类别进行分析和研究，找到两种类别的共同点和相似性，建立两种类别之间的联系，促使用户更容易接受新品的定位。

2. 提高新品的附加值

新品打破了用户的既有习惯，所以很多用户会对新品有抵触情绪。如果企业能将新品的附加值提高，让用户感觉到新品远远优于已有的产品，那么就能在很大程度上提升用户对新品的好感度，促进新品的营销和推广。企业可以通过优化包装设计、提升服务水平和品牌价值等方式提高新品的附加值，从而赢得用户对新品的好感，便于新品的顺利推广。

第八章

痛点营销： 抓住用户的
情绪变化

随着产品同质化现象越来越严重，"广撒网"式营销的效果越来越差。很多企业都投入大量的营销成本，却没有在市场中溅起大的"水花"。对此，企业要换个思路，抓住用户的痛点，有针对性地进行痛点营销。

第一节　挖掘痛点是企业的核心任务

无论是设计产品还是营销，挖掘痛点都是一项非常重要的工作。企业要将自己看作用户，设身处地想用户之所想，找出用户真正关心的问题。

一、将自己看作用户，亲身试验产品

在进行痛点挖掘时，企业使用的最直接的方法就是将自己当成用户，对产品进行试用。人们将自己试用产品的方法称为内测，该方法能够使企业对产品有进一步了解。如果企业能够在营销过程中转换角色，从用户的角度出发，找到产品的瑕疵和不足，进而对产品进行改进，就能够使产品成为受市场和用户欢迎的爆品。

在试用产品的过程中，企业需要特别注意一些细节问题。这些细节问题能够促使企业更深入地体验产品，从而更快、更精准地找到产品的优点和缺陷。在试用产品的过程中需要注意的问题如图 8-1 所示。

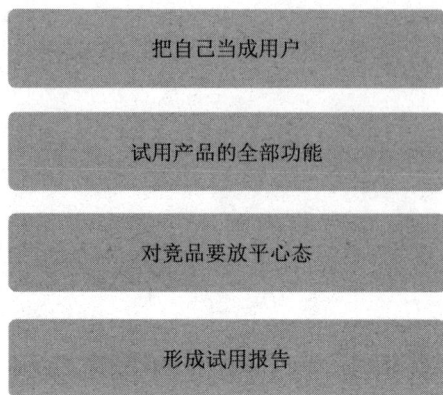

把自己当成用户

试用产品的全部功能

对竞品要放平心态

形成试用报告

图 8-1　试用产品的过程中需要注意的问题

1. 把自己当成用户

为了更好地挖掘用户的痛点，企业需要对产品进行测试。需要注意的是，在试用产品时，相关人员要转变角色，把自己当成普通用户。由于产品的最终使用者是用户，这样可以使企业了解用户的真正需求以及使用产品过程中可能出现的问题，帮助企业进行产品改进和更新。

2. 试用产品的全部功能

企业的相关人员需要对产品的全部功能进行试用，以便为今后的产品研发和设计提供较为全面的参考。这样也有利于企业对产品进行进一步优化和完善。

3. 对竞品要放平心态

除了试用自己的产品外，试用竞品也非常重要。但在试用竞品时，企业往往有一种"偏袒"的心态，即认为只有自己研发的产品才足够好。需要注意的是，这种想法是不正确的。企业应该心态放平，对竞品和自己的产品进行公平、公正的体验和评价。这样既能够找出自己的产品有什么缺点，也可以明确竞品有什么优势，从而"取人之长，补己之短"。此外，对竞品放平心态，对竞品进行客观分析，也是在为爆品的打造奠定基础。

4. 形成试用报告

相关人员在试用完产品后，对产品做出真实的描述是很重要的。相关人员最好可以撰写一份试用报告，整理出产品的优劣势，并向研发、设计等相关部门分享试用感受，帮助这些部门进行产品升级。试用报告是相关人员试用产品后对产品的质量、性能、用途等方面做出的客观、真实的试用评价，有利于相关部门对产品进行更深入的分析，不断改进产品，避免产品在用户的使用过程中出现问题。

另外，在试用产品前，相关人员有必要对产品进行多方面了解。在了解产品的真实情况后，再对其进行试用，相关人员更容易找到与竞品的差距，助力产品尽快成为爆品。

二、 借助用户调查找到痛点

在挖掘用户痛点的过程中，最核心的环节就是对用户进行调查，明确用户对产品的要求和期望，以便有针对性地进行营销。

在对用户进行调查时，调查人员需要按照以下步骤开展工作，如图 8-2 所示。

1. 明确调查目的

调查人员在对用户进行调查时，首先要明确调查目的。只有明确调查目的，才能为后续工作的开展打下基础。如果调查人员没有明确调查目的就直接

明确调查目的

↓

确定目标用户

↓

深入了解用户

↓

设计调查问卷

↓

把握调查进度

↓

形成调查报告

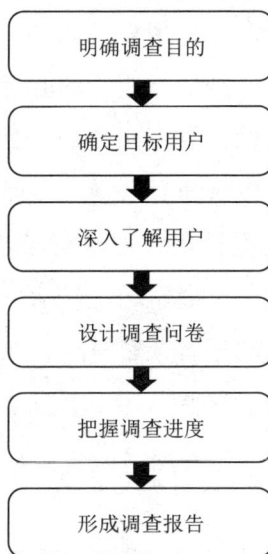

图 8-2 进行用户调查的步骤

对用户开展调查，那么调查结果很可能会背离调查初衷，这样不能反映用户的需求，也不利于准确地找出用户的痛点。

2. 确定目标用户

调查人员在对用户进行调查时，不能蛮干，而是要讲究方法。在开展调查前，调查人员可以先确定调查的目标用户，即针对产品的特征，寻找特定的用户。这样能够帮助调查人员节省许多不必要的资源投入。在确定目标用户时，调查人员可以借助大数据、人工智能等技术搜集相关资料，然后根据这些资料为产品的目标用户绘制画像。

当用户画像绘制完成后，调查人员就需要根据调查结果对用户进行筛选和甄别，找出精准的用户。这样可以将调查对象的范围缩小，从而提高调查效率，让调查数据更精准。

3. 深入了解用户

在进行用户调查时，紧紧抓住用户的需求是很重要的。在此基础上，仔细揣摩用户的心理能够在很大程度上帮助企业了解用户，从而生产出用户真正想要的产品。

以 App 研发为例，企业需要仔细揣摩用户的心理，把用户想要的功能设计出来。这样能够在很大程度上促成一款受欢迎的 App 诞生。例如，电商领域比较火的淘宝 App、京东 App 等，以及游戏领域非常受欢迎的王者荣耀 App、原神 App 等，都是根据用户的心理设计并研发出来的。这些 App 的质量都非常高，吸引了一大批忠实用户。

4. 设计调查问卷

调查问卷是进行用户调查的常用工具。问卷的设计是否合理、有效，将在很大程度上影响调查结果。在设计调查问卷时，企业要注意两个比较重要的方面：一个是内容设计，另一个是形式设计。这两个方面共同决定着调查问卷是否合格和有效。

在内容设计上，调查人员需要把好质量关，将自己掌握的产品与市场知识和对用户的了解融合进去，把需要调查的关键问题一一筛选出来；在形式设计上，调查人员应该将问题设计得简单、有效、重点突出。调查人员可以采用分模块的形式将问题划分为几大类型，最好以短问题为主，尽量不要使用否定句式，多使用简单、易懂的语言。这样能够让整份问卷的重点更突出，从而获得更精准的调查结果。

5. 把握调查进度

调查进度是指在整个用户调查工作中，各环节、步骤的进展情况。了解和掌握调查进度能够帮助调查人员及时、灵活地进行工作调整，从而保证用户调查顺利进行。在对用户进行调查时，调查人员需要把握好调查进度，最好将用户调查分为几个阶段，并据此做好前期的准备工作，如合理分配人力、物力等资源，明确用户调查的结束时间等。

6. 形成调查报告

在经过上述步骤后，企业对用户的调查就基本完成了。但调查人员还要制作一份详细的调查报告，为营销人员进行产品的宣传和推广提供参考。调查报告要包括用户调查所涉及的全部信息和资料，一份优质的调查报告能够帮助营销人员找到用户的需求和痛点，为企业打造爆品明确核心方向。

调查人员在进行用户调查时，需要对上述步骤进行详细、全面的学习和研究，并将这些步骤运用到实际的工作中。这样可以更迅速地找到用户的需求和痛点，为痛点营销奠定基础。

三、 从用户的抱怨中提炼需求

在挖掘痛点的过程中，企业常常需要使用一些技巧。例如，用户的抱怨在有些人看来是"唠叨和废话"，但在敏锐的人看来却是极佳的市场信息。善于从用户的抱怨中提炼出用户的需求，是一个非常实用的挖掘痛点的技巧，能够为爆品打造提供一定的借鉴和参考。

面对用户的抱怨，企业应该如何做呢？方法如图 8-3 所示。

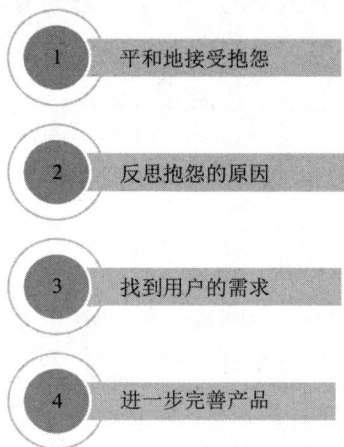

1　平和地接受抱怨

2　反思抱怨的原因

3　找到用户的需求

4　进一步完善产品

图 8-3　面对用户抱怨的做法

1. 平和地接受抱怨

正所谓："金无足赤，人无完人。"产品的研发和生产过程不可能是完美的，企业要做的是不断对产品进行改进，促使产品更加完善。

实际上，不同的用户有不同的喜好，对于同一款产品也会有着不同的评价。用户对产品有抱怨是非常正常的，优秀的企业会放平心态，平和地接受用户的抱怨，并认真分析用户的抱怨背后隐含的用户需求。这样能促使产品进一步优化，从而使用户对产品的好感度有所提升。

2. 反思抱怨的原因

用户对产品有抱怨，原因之一可能是产品的功能或外观等方面存在瑕疵。这时企业不能置之不理，而是要积极寻找用户抱怨产品的原因，并在用户的抱怨中搜集具有代表性的问题，对自己的产品进行反思，从中找出产品存在的缺点。这样不仅能够推动产品的升级和完善，还可以让用户感觉自己的意见受到企业的重视，从而更加积极地为产品改进提出建议，使企业获得更多、更实用的产品升级依据。

3. 找到用户的需求

抱怨是需求的特殊表现形式。从用户的抱怨中，企业可以找到用户的需求，并对需求进行深入挖掘，消除用户的痛点。在挖掘用户的需求时，分析用户对产品有所抱怨的原因，可以帮助企业优化产品的功能、外观设计等，进而推动产品成为爆品。

360 董事长曾经举过一个例子，他的产品研发部门为了外观漂亮，把路由器的天线做成了内置的，但这样路由器的信号就会稍微差一些。而用户买路由器首先考虑的就是信号问题，而非外观。显然这个路由器的设计就没有站在客户的角度考虑问题。

4. 进一步完善产品

在对用户的抱怨进行分析和研究后，就应该将其反映到产品的具体研发和生产上，找到升级和完善产品的最佳方法和途径。另外，在优化产品时，企业可以采取一些有效的方法，例如，让用户更近距离地接触产品，邀请用户对产品进行免费试用等。这些方法能够帮助企业更快地找到产品的优劣势，从而进一步完善产品，同时还可以提升产品的知名度和影响力。

对于企业来说，重视用户的抱怨，从中找到用户的需求和痛点，促进产品升级和完善，是让用户对产品爱不释手的关键点，也是打造爆品的实用方法。

第二节　围绕痛点进行社会化传播

找到用户的痛点后，企业就可以围绕用户的痛点进行社会化传播。将痛点与营销策略融合，对产品进行大范围传播，有利于让每个有同样痛点的用户了解并购买产品。

一、设计宣传海报，激发好奇心

每个人都有好奇心，利用用户的好奇心进行产品推广目前十分常见。用创意海报激发用户的好奇心是一种极具代表性的痛点营销方法。现在很多企业都会在网上发布精心制作的宣传海报，希望借助海报展示自己的核心价值观，同时向用户传递自己的品牌理念。

例如，2021年9月，美团为"假期真好，更要过好"的广告片创作了一组海报。美团以用户对慢生活的追求为设计理念，将清新色调作为海报背景，并在海报上呈现了一些生活场景，让用户感受到慵懒、随性的氛围，与其"美好生活小帮手"的角色定位十分匹配。

为了祝贺神舟十二号载人飞船的飞行任务取得圆满成功，网易云音乐发布了一张主题海报。在海报中，一个黑色音符背着巨大的红色降落伞从高处缓缓降落。航天旅程是孤独的，而音乐却可以给航天员带来温暖和陪伴。网易云音乐将航天与音乐结合起来，设计简约而又极具内涵的海报，可谓是进行了一次非常巧妙的营销。

上述两个案例都是比较典型的使用创意性海报来激发用户好奇心的营销方法。这种方法具有两方面的作用：一方面，创意无限的海报充分利用了用户的好奇心，将用户的兴趣调动到最高点，在社会上形成了一股传播热潮，为产品宣传造势；另一方面，海报的内容有创意、有亮点，对用户有很大吸引力，并通过文字、图片等方式将产品价值观传递给用户，使得产品和用户建立了情感连接。

综上所述，在痛点营销中，创意性海报可以激发用户的好奇心，也能够直击用户内心，将用户的需求激发出来，为爆品的打造贡献重要力量。

二、 整合实用信息， 强化产品的特殊意义

企业在利用痛点营销推动产品的社会化传播时，通过实用信息引发用户的认同感也是一种常见的方法。企业可以将与用户相关的实用信息传播和扩散出去，找到与产品匹配的宣传点。例如，每年各种节日来临前，都会出现大量祝福信息，这就是用户普遍关注的实用信息。当然，它也是用户在节日期间搜索最频繁的内容。企业如果能够借助这些祝福信息将产品巧妙地推销出去，那么产品的搜索量和曝光度都会随之上升。

祝福信息主要是通过短信、微信、QQ 等平台进行传播，企业可以将产品与祝福信息绑定，强化产品的特殊意义，激发用户对产品的认同感。例如，美柚是一款女性助手类 App，这款 App 以经期管理为主要功能，同时为女性提供备孕、怀孕、育儿、社区交流等服务，受到女性用户欢迎。

"姨妈假"的话题曾火爆微博，事件源于美柚向员工提供的一项福利——女员工经期可以休假。此事件经过媒体报道、微博爆料后迅速发酵，很多用户公开表示支持。基于该背景，美柚趁势推出了微博话题，引发大量网友的热议。美柚其实就是在利用实用信息引发用户的认同感。

美柚借助热点，吸引了大量用户的关注，更赢得了良好的口碑，营造了贴心的品牌形象。短时间内，几十万网友在社交平台上讨论相关话

题，多家媒体也对此进行跟踪报道。

关注美柚官方微博的人多是大学生和上班族，这些人也是美柚 App 的潜在用户和用户。对于这种话题，美柚的粉丝有着强烈的情感共鸣，第一时间参与讨论发声，大大增加了话题的热度。加之美柚有意识地引导粉丝在同一个时间段内进行密集讨论，快速提升了话题热度，使该话题在各大媒体上得到广泛传播。

任何一个话题一旦形成强烈的互动气氛，必然会吸引很多用户转发和评论。在这个过程中，企业鼓励这些用户输出与话题相关的实用信息，可以引发用户的认同感，促进产品传播与口碑营销。而将热点与用户对产品的需求进行完美结合，是一种很常见的痛点营销方法。

企业在进行痛点营销时，需要多关注社会上的新鲜事物，进行话题积累，找到与用户有关的实用性信息，策划出能够让用户产生认同感的话题，从而帮助产品进一步打开市场，获得较高的市场占有率。

三、 准备一些奖励， 扩大传播范围

通过奖励吸引用户主动传播产品，是很多企业比较常用的一种营销方法。在大多数情况下，人们都不会拒绝免费的小礼品，接受了免费的小礼品的人们往往会自发地对产品进行传播。例如，有些企业会在直播卖货的过程中为用户发放福利，刺激用户购买产品，并借机进行宣传和推广。

发放优惠券、举办"买一送一"活动、为用户提供赠品等都是非常不错的奖励方式。这些方式可以让用户感受到十足的诚意，从而心甘情愿地为产品做宣传。

1. 发放优惠券

优惠券能够激发用户的购物热情。如果用户对产品比较满意，而此

时企业又向其发放了优惠券，那么就能够有效刺激用户将消费想法转化为消费行动。当然，企业也可以在用户完成下单后为用户发放优惠券，以此来吸引用户进行二次消费。

需要注意的是，发放优惠券是有规则的，如优惠券不兑现、不找零、有明确的使用期限、过期不补等。为了更好地发挥优惠券的促销效果，企业要确保优惠券发放的精准性并注意以下两点：

第一，优惠券投放的精准性取决于用户对产品是否有购买需求。企业在推广产品前，要明确产品品类，以便更精准地吸引用户。例如，将产品划分为"春季限定服装""夏日防护雨伞"，为产品添加"大码女装""娇小女生连衣裙"等标签。

第二，现在直播带货非常火爆，企业可以通过直播的方式宣传产品。例如，企业可以为忠实粉丝开设直播专场。直播专场的产品品类可以是多样的，企业可以在直播间中向忠实粉丝推出新品、经典款产品、折扣产品等。在这样的专场中发放优惠券能够激发忠实粉丝的购物热情，充分发挥优惠券的促销效果。

2. 举办 "买一送一" 活动

刘女士是某服装品牌的主播，在某次直播时，她重点介绍了新款针织围巾。在介绍完围巾后，刘女士在直播间打出了巨大的标语："今日下单，围巾买一送一！"标语一出，整个直播间瞬间就火热了起来，用户纷纷下单，围巾立刻被抢购一空。

举办"买一送一"活动是一种典型的以产品为中心的营销模式。产品"买一送一"和产品打5折是有一定的区别的。产品"买一送一"相当于同时销售出了两件产品，而产品打5折意味着用户只需要花一半的钱即可购买一件产品。所以，"买一送一"活动更能提高产品的销量。

"买一送一"活动还可以拓展营销渠道。例如，将新品与经典款产品进行联合销售，这样不仅能提高经典款产品的销量，还能够有效地曝光、推广新产品。在开展此类活动时，企业要设置好活动形式，保证执行力度，同时还要关注用户的反馈意见，根据反馈意见对活动进行调整。

3. 为用户提供赠品

2022 年 6 月，某品牌开展了"多买多送，节日购不停"的营销活动。活动为用户提供赠品，规定了不同赠品的不同获得条件：用户一次性购物满 99 元即可成为网店会员，享受全场八八折优惠；用户一次性购物满 199 元即可获赠价值 99 元的围巾一条；用户一次性购物满 299 元即可获赠价值 158 元的防晒服一件。

满赠活动是以产品为核心对用户进行奖励的方式，即购物满一定额度后用户可以获得赠品。合理开展满赠活动可以有效提高产品的销量。赠品最好是实用性及耐用性强、质量过关、外观精美的产品。此外，企业在开展满赠活动时，还需要注意以下三个方面。

（1）控制成本。在成本方面，企业需要考虑的因素有三个：赠品成本、赠品包装和销售渠道。控制好这三个方面的成本，企业才能够避免资源浪费，实现成本效益最大化。

（2）提升宣传效果。开展满赠活动的目的是宣传产品，提高产品的销量。直播间、微信公众号、微博、小红书、抖音等都是非常有效的宣传渠道，可以很好地增加满赠活动的关注度，提升产品宣传效果。

（3）设置活动时间。满赠活动要有时间限制，这在节约活动成本的同时也能够有效激发用户的购物热情。

综上所述，在为用户发放奖励时，企业要制定相应的解决方案，明确奖励方式、推广渠道、活动成本与时限等细节。只有确保各环节是正常运转的，奖励真正产生效果，才可以让用户消费得更开心，从而推动销量的进一步提升。

第三节　做痛点营销的两个关键点

痛点营销在推广和宣传产品方面的重要性不言而喻。那么，企业应该如何将痛点营销做优、做精，达到一击即中的效果呢？对此，企业需要掌握做痛点营销的两个关键点：以兴趣为切入点，引发共鸣；加入一些新意，营造惊喜感。

一、 以兴趣为切入点， 引发共鸣

新时代的消费者更追求精神层面的满足，更喜欢契合自己的兴趣点、足够有吸引力的产品。因此，企业要想使产品获得可观的销量，应该以兴趣为切入点，引发用户的共鸣。用户对产品感兴趣，才会主动了解产品，并会在兴趣的驱动下购买产品。那么，企业应该怎样做才能让用户对产品感兴趣呢？

通常来说，如果人们对某种事物感兴趣，那么他们会对该事物给予更多关注，会耗费更多时间在该事物上，甚至会在不经意间流露出满意的表情。因此，在营销过程中，企业的营销人员要观察用户的表情，揣摩用户的心理，洞察用户对哪些产品感兴趣。

企业要引导、鼓励用户的积极兴趣，从而实现产品的广泛传播。下面以游戏直播界的知名 App 斗鱼为例对此进行说明。

自上线以来，斗鱼就以游戏直播为发展核心，致力于成为"每个人的直播平台"。经过详细的调查与数据分析，斗鱼发现其目标群体的兴趣多集中在游戏上，这正好与其定位一致。斗鱼的主页能引起喜欢游

戏用户的兴趣，这些用户无意识地就会被吸引，并主动围观游戏。即使是从未玩过游戏的用户，也会被动地体验游戏的乐趣。甚至部分用户还会因为 KOL 的刺激与引导，激发自己对游戏的好奇心，从而成为斗鱼的忠实粉丝。

斗鱼是完全垂直于游戏直播的 App，全面覆盖了各种类型的游戏，包括竞技、手游、单机小游戏等。用户可以直接搜索自己感兴趣的游戏，观看自己感兴趣的直播内容，也可以根据斗鱼的推荐选择进入主播的直播间。这种纵向垂直的运营方式使斗鱼在游戏直播领域聚集了很多游戏精英。

为了更大程度提起用户的积极兴趣、扩大用户规模、提高用户的参与度，斗鱼开展了多场大型电竞赛事，如黄金大奖赛等。斗鱼不仅为用户提供比赛平台，还打造了强大的游戏 IP，使自身知名度和影响力有了进一步提升。

通过上述斗鱼的案例，我们可以看出：做好兴趣挖掘是很重要的。因此，迎合和引导用户的兴趣已经成为企业不得不重视的方面。在这一方面，企业应该关注以下几个重点。

（1）把团队打造成精深的行业大咖。很多用户选择一款产品的原因都是这款产品能够满足自己的需求，或者能够给自己带来价值。如果团队成员是"小白"，那么用户会对这些人设计出来的产品有所质疑，甚至会认为自己没有办法从产品中得到任何价值，从而不愿意购买产品。与此同时，企业也很难找到用户的真实兴趣，用户也就很难留存。

（2）对人性的巧用。有些企业为了留住用户，会开展各种拉群、秒杀、送小礼品等活动，这利用的是用户追求实惠的心理；直播平台为刷礼物的粉丝设置了排行榜，这是在利用粉丝追求荣誉感的心理。此类营销方式既满足了用户对喜爱事物的追求，同时又给予了他们相应的回馈，在无形中激发了他们的兴趣，使品牌得到了很好的传播。

（3）对精神兴趣的培养。能够在精神上打动用户的产品才是有深度的产品。因此，企业在引起用户的兴趣的同时，也要注重激发用户的精神共鸣，培养用户的精神兴趣。

二、 加入一些新意， 营造惊喜感

现在一些传统、普通的营销策略已经很难击中用户的痛点，也无法激发用户的消费欲望。因此，越来越多的企业都在尝试以更先进、更奇特的方式进行营销，希望可以赋予用户足够的惊喜感。例如，元宇宙从科技圈、艺术圈火到了营销圈，企业可以将其作为一个新元素融入自己的营销策略中，让营销策略更有新意。

2021 年"双 11"期间，京东就抓住了元宇宙这个大热点，上线了名为"超 NEW 元宇宙"的影片，受到广大用户的欢迎。"超 NEW 元宇宙"以优质小家电为核心，为用户描绘出一幅梦幻的元宇宙蓝图。在营销圈竞争日趋激烈的情况下，京东推出"超 NEW 元宇宙"这种别出心裁的影片，不失为一个很不错的营销突破之举。此外，为了优化营销效果，京东充分发挥小家电的价值，借势元宇宙，提炼出"小家电，超有新"的营销主题。

京东将"小家电，超有新"作为营销主题，不仅可以满足用户对未来生活的向往，激发用户的消费欲望，还可以借助元宇宙吸引用户的注意力，让用户产生惊喜感。而且更重要的是，这个营销主题也体现了京东希望引领小家电新趋势的品牌理念。

在影片"超 NEW 元宇宙"中，京东打造了一个亦梦亦幻的虚拟场景，带领用户在元宇宙中探索新奇好物，如能流下瀑布的加热净水器、让人们倍感轻松的颈椎按摩器、低糖电饭煲、和自动贩卖机相似的免洗破壁机、清洁车一般的洗地机等。京东借助影片让用户充分感受到小家电的革新之处，也让用户感受到了生活的温馨与美好。

在元宇宙的助力下，京东与用户建立了紧密的情感连接，将产品和品牌根植到用户的心里，成功在"双 11"期间吸引了用户。而且元宇宙也让京东有了一定的品牌差异度和记忆度，从而大幅度提升用户对京东的好感，使京东的品牌势能进一步增强。

在虚拟与现实融合的世界里，曾经不太受用户关注的小家电，开创性地让用户感受到元宇宙时代的生活新体验。在这个过程中，京东建立了差异化的品牌形象，真正实现了流量裂变，成为用户在"双11"期间购买小家电的首选电商平台。

第九章

病毒式营销："人传人" 的扩散模式

病毒式营销指的是让营销信息像病毒一样被快速复制，传播给数以万计、数以百万计、数以千万计的用户。在互联网快速发展的今天，病毒式营销可以达到意想不到的传播效果。当然，这类营销必须要有道德底线，这一点需要企业切记。

社交平台： 病毒式营销的最佳阵地

社交平台的发展为病毒式营销提供绝佳的发展"土壤"，它不仅可以快速传播营销话题，还能调动用户的积极性，帮助品牌传播。

一、 带话题发布内容： 有趣 + 有料

有趣、有料的话题是产品实现病毒式传播的前提。有了话题，产品的传播效果才会更明显。所以，在病毒式传播中，创造一个合适的话题是很重要的。

病毒式营销真正做到有料、有趣，才能抓住用户的心，产品才能得到广泛传播，促进产品销售。很多年轻人喜欢好玩的产品，这些产品能够打动他们，就是因为他们对"好玩"这一话题产生了共鸣，所以他们愿意转发"好玩"的话题，也愿意购买产品。

某母婴品牌在 2021 年与育儿电视剧合作，携手策划了一些微博话题，如#孩子应该从什么时候开始努力##父母要不要让孩子赢在起跑线上#等，并发布了与话题相关的优质内容。网友纷纷转发并评论这些内容，也因此让品牌深入用户内心。

鸡尾酒品牌 RIO（锐澳），除了在电视剧中植入产品外，也在微博上策划了阅读量上亿的话题#理想之城职场社会学#。RIO 还邀请微博大

V发布与话题相关的职场心得，加深了用户对其产品的认知，也实现了用户向忠实粉丝的转化。

正是因为这两个品牌将话题设计得有趣、有料，其产品才会受到更多关注。所以，如果企业能够创作出有趣、有料的话题，那就会更快地形成病毒式的营销态势，为爆品打造奠定坚实基础。创作话题需要遵循的原则如图9-1所示。

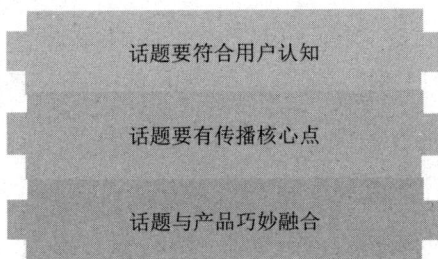

话题要符合用户认知

话题要有传播核心点

话题与产品巧妙融合

图9-1　创作话题需要遵循的三个原则

1. 话题要符合用户认知

话题要符合用户的认知，也要与当下比较火爆的网络文化相匹配。一些不健康、挑战道德底线的营销内容常常会引起用户的争议，既可能违法，又对营销起到消极作用。所以，健康、积极向上的话题是营销的基础，这样才能够保证话题能够顺利传播，不会受到阻碍。

2. 话题要有传播核心点

病毒式营销要有适合内容传播的核心点，如购买产品送代金券的噱头类话题、挑战高情商的益智类话题等。这些话题之所以能够获得众人的关注，就是因为其拥有传播核心点。传播核心点作为话题的关键价值在于可以提升营销效果。

3. 话题与产品巧妙融合

在病毒式营销中，企业要想让话题有趣、有料，就要坚持话题与产品巧妙融合的原则，即把产品的信息和话题完美地融合在一起，避免话题枯燥、无趣。

二、 借事件造势， 业绩持续提升

借事件造势指的是企业利用某一时段内曝光度较大、社会关注度较高的事件，通过策划让品牌和产品融入该事件，从而实现对品牌和产品的推广。

学生上网课，钉钉作为教育部公布的首批通过备案的教育移动互联网应用程序，自然成为学校上网课的优选工具之一。相关数据显示，钉钉在一段时期的累计下载量一度超过微信。

超高的使用量也暴露了钉钉的一些问题，比如卡顿。网上出现差评，甚至是过分的差评。总体看，钉钉的回答是精心策划、较为巧妙的，把事情引向了希望的方向。

钉钉还通过阿里巴巴旗下的新媒体账号助推话题的传播，既做了澄清，又用"卖萌"的语气塑造了人格化品牌形象，提升了用户好感。经过一轮扩散，舆论已经不像之前那样了，而是向娱乐化的方向发展。此时钉钉选择趁热打铁，借助这次的热度，在两天后放出了第二次"求饶"视频，将话题推向了高潮。

钉钉的那段视频用歌曲的方式，表达了"服软"，也借此阐述了自身的难处。视频放出后得到了广泛关注。钉钉这样的低姿态不仅安抚了用户，又让他们从视频中找到了文化认同感。

自此，不仅钉钉的评分开始提高，随之而来的媒体报道还为钉钉带来了正面传播效果。在此次事件中，钉钉的营销策略是非常成功的，既逆转了差评的劣势，又利用热点让品牌形象深入人心，进一步推动了产品传播。

要想有钉钉这样的营销效果，关键就在于找到一个合适的事件。在

判断事件是否可以用于营销时，通常应该注意以下方面，如图 9-2
所示。

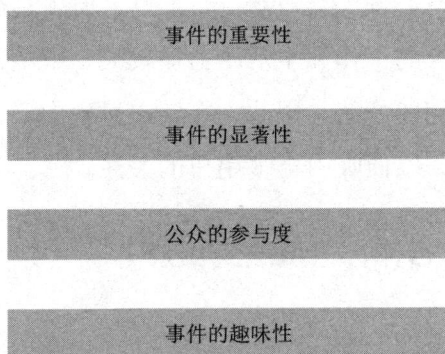

| 事件的重要性 |
| 事件的显著性 |
| 公众的参与度 |
| 事件的趣味性 |

图 9-2　选择事件需要注意的四个方面

1. 事件的重要性

事件越重要，关注的人就越多，事件就越容易成为热点。判断事件
重要与否的标准就是其对社会产生影响的程度，即对越多的人产生越大
的影响，事件的价值就越大。

2. 事件的显著性

事件的显著性是指事件与知名度高的人相关，如新闻事件中的人，
或是与社会名流、娱乐明星等相关。另外，如果事件中出现历史名城、
古迹胜地，那么该事件也可能作为营销素材。

3. 公众的参与度

公众的参与度往往取决于事件是否与公众有关。在地理上、心理
上、利益上与公众相关性越高的事件，其价值越大，也越容易受到关
注。所以，企业在借事件造势时应该注意分析公众的特点，事件越接近
受众，就越容易和他们产生共鸣，营销效果也就越好。

4. 事件的趣味性

每个人都有猎奇心理，会对新奇、反常、有人情味儿的东西格外感兴趣。再加上现代人的工作和生活压力比较大，就更需要一些有趣、新奇的事件来缓解他们的情绪。因此，在营销过程中，企业应该尽量挑选轻松、有趣的事件，以便吸引更多用户的关注。

三、 与 KOL 合作， 引爆光环效应

KOL 即"关键意见领袖"，是传播学中的专业术语，一般指言论能够获得大众关注的人，包括专家、明星、企业家等。在营销学中，KOL 的作用是很重要的。例如，很多企业都会聘请代言人进行产品宣传，从而为产品打开销路，获得显著营销效果。选择合适的 KOL 对于产品的宣传和推广非常重要，其方法如图 9-3 所示。

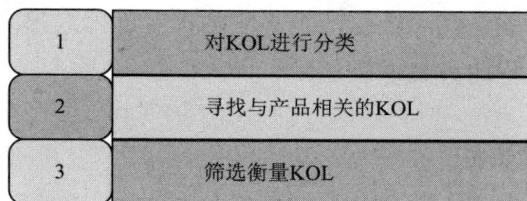

1	对KOL进行分类
2	寻找与产品相关的KOL
3	筛选衡量KOL

图 9-3　挑选 KOL 需要注意的三个方面

1. 对 KOL 进行分类

营销学常常将 KOL 分为三大类，分别是明星代言人、小众达人或专家、忠实粉丝。在很多企业内部，这三类 KOL 的选择其实是由不同的部门负责的。例如，寻找明星代言人属于广告部门和公关部门的工作范畴，这些部门需要对其展开工作。

2. 寻找与产品相关的 KOL

正所谓"术业有专攻"，大多数 KOL 都不是"十八般武艺样样精通"。他们通常是在某一领域具有权威性的专家，企业要想借助他们的话语权宣传产品，就应该多关注他们在专业领域的权威性。当然，KOL 在具有权威性的同时，其风格和价值观也要与产品相匹配。

3. 筛选衡量 KOL

找到合适的 KOL 后，企业就要进行进一步筛选和衡量。首先，企业要找到与产品的形象和定位一致的 KOL；其次，企业要向 KOL 介绍营销活动，让其对营销活动有一定的了解；最后，企业要分析 KOL 的影响力，评估双方进行合作的效果，最终做出决定。

在选择 KOL 时，企业还需要设定衡量标准，最好从数量和质量两个不同的角度对 KOL 进行衡量。在考察 KOL 时，企业不能认为其粉丝越多越好，而是要对其粉丝的质量进行重点关注，因为粉丝的数量可能会有不实现象，如有很多"僵尸粉"或假粉丝等。总之，从产品宣传的角度来看，企业应该为 KOL 设定合适的衡量标准，以便获得更好的营销效果。

第二节　企业如何　"玩转"　病毒式营销

病毒式营销不仅效果好，用户的接受度也很高，是一种低成本的现代营销方式。现在很多品牌的营销活动都经常刷爆朋友圈，甚至成为风靡一时的话题。其实在这样的营销活动背后，都是病毒式营销在发挥作用。

一、 转发信息即可获得福利

微信、微博、小红书等社交平台都有转发功能，企业在利用这些社交平台做病毒式营销时，常常会使用转发信息赠送福利的方法，即为用户提供福利来刺激他们对信息进行转发。

例如，微信朋友圈中经常出现"转发本条朋友圈，即可获得抽奖资格"等信息，就是利用微信开展福利式营销活动。这种营销活动通过利用大众的"利己性 + 利他性"的心理，用奖励促使用户传播营销活动，再通过一些小优惠、小折扣的方式增加转发信息的人数，进一步促进产品的宣传和推广。

这种转发福利式活动的效果比较好，而且因为用户对福利有着长期需求，所以企业在进行产品推广时，可以长期开展这种活动。但需要注意的是，虽然这种活动的效果好，但其运营成本高。如果长期开展这种活动，那么企业需要承担比较大的成本压力。

为了解决成本问题，企业可以寻找一些合作伙伴，与其共同进行产品营销。这样二者可以分摊成本，缓解企业的成本压力。那么，在进行转发福利式活动时，企业需要注意哪些方面呢？具体如图9-4所示。

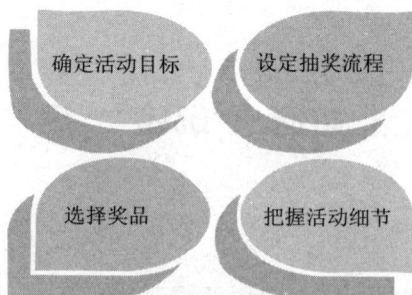

确定活动目标　　设定抽奖流程

选择奖品　　把握活动细节

图9-4　进行转发福利式活动需要注意的四个方面

1. 确定活动目标

在开展转发福利式活动前，企业首先要确定活动目标。一般此类活动的目标都与增加粉丝数量、促进产品的营销和推广、提升产品的影响力三个方面有关。

在增加粉丝数量方面，企业需要将福利倾向于关注账号的粉丝，虽然这样会在一定程度上影响用户的参与度，但活动的最终目的是增加粉丝数量，所以要时刻引导用户关注账号。

在促进产品的营销和推广方面，企业要保证活动有实际效果，而不能只停留在表面。具体来说，企业要将粉丝转化成实际的付费用户，帮助产品完成病毒式传播。

在提升产品的影响力方面，活动目标的设定应该与活动相匹配，在此基础之上，企业要尽可能地吸引更多人参与活动，从而帮助产品提升影响力。

2. 选择奖品

奖品即转发信息的福利，企业需要很认真地对其进行选择。通常特等奖作为活动的重头戏，应该是企业的主打产品，这样能够提升企业的影响力。另外，大多数企业会选择电子产品作为一等奖，以此来获得更多用户的关注和转发。剩余的几项奖品最好是与产品相关的，这样有利于加深产品在用户心中的印象。最后，末等奖品的数量可以适当多一些，以便让更多用户有中奖的机会，从而进一步扩大产品的传播范围。

3. 设定抽奖流程

抽奖流程的设定一般会遵循相关平台的规则。如果企业选择在微信上开展营销活动，那么抽奖流程大致是：首先，用户关注企业的微信公众号；其次，回复某一信息，系统自动回复抽奖方式；然后，用户按照规则进行抽奖；最后，系统会提示用户是否中奖。如果用户中奖了，系统还会提示用户输入联系方式，便于企业与用户取得联系，将奖品寄给用户。

4. 把握活动细节

为了让活动有更好的效果，企业通常会对活动的时间和宣传方式进行研究与设计。在时间上，活动最好可以持续一段时间。在开展活动的过程中，取得用户的信任非常重要，这就需要企业将活动的时间适当延长，以便吸引更多人参与活动。另外，在营销过程中，企业还应该组织一些线下活动，以此来进一步加大产品的宣传力度。

在宣传方式上，企业要充分考虑用户的使用场景，将消费体验提高到最高标准，而且还要及时公布用户的中奖情况。其中，特等奖和一等奖的公布往往会吸引用户更多的关注，能够帮助企业向用户展示活动的真实性，从而顺利赢得用户的信任和好感。

二、 激发用户分享， 引爆自传播

激发用户分享是病毒式营销的一种常见方法，这种方法对活动的形式和内容都有一定的要求。具体来说，活动的内容要有十足的创意，而活动的形式则要新鲜、有趣，可以达到聚集人气的目的。这样用户就有足够的动力通过社交平台将活动传播出去，从而更好地加大产品的宣传力度，促进产品的进一步宣传和推广。

例如，钉钉曾经在微博上举办抽奖活动，引发了网友的转发、评论、点赞。钉钉在关于抽奖活动的微博中透露了具体的奖品信息，如图9-5所示。对奖品感兴趣的网友会在评论区里讨论一番，也会在第一时间转发此条微博，从而使钉钉得到更大范围的传播。

图 9-5　钉钉在微博上的抽奖活动

　　此外，钉钉在还紧跟#北京冬奥会#这一传播性极强的话题，在前期造势时就获得了巨大反响，吸引了众多网友的关注，迅速登上了热搜榜。而且，只有三个中奖者的设计也为抽奖活动制造了极强的传播性。虽然中奖概率不高，但因为参与方式简单，很多网友都抱着"试试看"的心态去尝试，因此该活动取得了非常不错的传播效果。

　　这就是利用分享进行产品传播的方法，如果企业能够熟练掌握此方法，便可以有非常不错的营销效果，为爆品打造做好宣传造势，帮助爆品进行大范围传播和推广。

三、组织投票活动，激发用户活跃度

　　投票活动是十分常见的营销活动。某母婴品牌发起了"健康宝宝"投票活动，网友可以为自己喜欢的宝宝投票。票数最多的宝宝将获得"健康宝宝"称号，并获得相应的奖金福利。这类投票活动在微信、微博等社交平台上经常出现，通过发放福利、奖金等方式吸引注意力，促使用户主动通过朋友圈等渠道传播相关内容。

通常参与投票活动的用户会被要求关注微信公众号、视频号、抖音号等，只有关注了账号，用户才能参与活动。这种方式让企业收获了大量粉丝，同时也进一步扩大了活动的传播范围，帮助企业实现效果显著的病毒式营销。

那么，企业在组织投票活动时，需要注意什么呢？具体内容如图9-6所示。

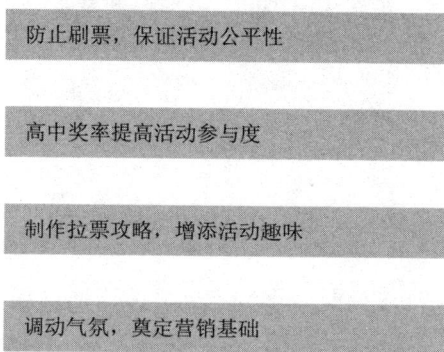

防止刷票，保证活动公平性

高中奖率提高活动参与度

制作拉票攻略，增添活动趣味

调动气氛，奠定营销基础

图9-6　在组织投票活动时需要注意的方面

1. 防止刷票， 保证活动公平性

公平性是用户参加活动的基础，如果出现刷票行为，用户会对活动留下非常不好的印象。所以，企业要杜绝刷票行为，并对不公平现象及时进行处理，这样才能保证参与投票的用户得到公平对待，获得用户的信赖。在处理刷票行为时，企业可以终止违规用户的活动资格，也可以让网友重新进行投票。这样既能够减少不公平现象对用户造成的损失，也可以节省一些不必要的成本。

2. 高中奖率提高活动参与度

能够胜出、获得奖品是每个参与活动用户的最终目标。由此来看，为活动设置高中奖率会调动用户的积极性，激励他们参加活动。

3. 制作拉票攻略，增添活动趣味

刷票行为虽然是被明令禁止的，但正常的拉票活动还是符合规定的。企业可以帮助用户制作拉票攻略，这样不仅能够为活动增添趣味性，还能够激发用户的参与性和积极性，为产品和品牌带来更多关注。

4. 调动气氛，奠定营销基础

在活动过程中，企业需要调动气氛来奠定营销基础。例如，可以让专业人员引导用户关注企业的官方账号，通过账号与用户进行互动，拉近双方的关系，进一步调动活动气氛。这样既能够优化活动效果，又能够为账号带来一大批新粉丝。

最后需要注意的是，在活动开始前，企业需要选择一个有威信、有号召力的意见领袖，从而进一步扩大活动的影响力和传播范围。

第三节　技术时代的高级病毒式营销

时代不断发展，已经有越来越多技术被应用在营销过程中。这些技术使企业的营销能力更强，让产品更夺人眼球，在为用户带来极致体验的同时，也优化了营销效果。

一、融入全息投影，实现远程体验

通过全息投影浏览产品是技术在营销过程中的关键应用之一，它为用户带来全新的感官体验。而 5G 的落地又可以将这种感官体验实时传递

给不在现场的用户，从而进一步扩大宣传范围。2022 年 6 月，某企业在宣传新款球鞋时，放弃使用老套的"文字 + 图片"的营销策略，因为这种营销策略无法满足现代用户的需求。于是，该企业借助全息投影、5G 等技术进行产品展示，球鞋的原图和全息投影图如图 9-7 和图 9-8 所示。

由图 9-8 可见，全息投影生动地展现了这款新球鞋的特色，让其更鲜活地展现在用户面前。在相对黑暗的环境下，全息投影利用红色的线条勾勒出球鞋的轮廓，使球鞋形成相对立体的模型，这样有利于展现球鞋的细节设计，而且耀眼的红色也更能吸引用户的眼球。

图 9-7　新球鞋原图

图 9-8　新球鞋全息投影图

通过全息投影，用户在没有看到实物之前，就可以感知球鞋真实的样子，大大节省了用户查看产品信息的时间。

新款球鞋不仅是一种商品，还是该企业品牌理念的缩影。全息投影可以根据企业的需求，为产品量身打造从色彩、形状到表现形式都能符合用户偏好的设计。这样的设计可以突出产品的亮点，使产品获得更多用户的喜爱。企业也可以因此销售更多产品，获得更多利润。

全息投影在产品展示方面具有非常突出的优势。企业将自己想要推广和宣传的产品放在全息投影橱窗中，凭空出现的立体影像、360°高能旋转的产品，都可以吸引用户的注意力，使用户对产品留下更深刻的印象。而且，如果将全息投影应用于T台走秀中，还可以将模特的服装与走步刻画得十分美妙，让用户体验虚拟与现实融合的梦幻感觉。

在5G的推动下，全息投影的应用范围更加广泛，例如用于商场与街边橱窗中的商品展示等。5G时代的全息投影将打破空间的限制，帮助用户远程实时了解产品。这样不仅可以让用户更了解产品，买到自己心仪的产品，还能为用户带来更奇妙的消费体验，利于后期产品的大规模销售。

二、 利用元宇宙， 打造极致服务

在"万物皆可元宇宙"理念盛行的当下，企业已经依托多样化平台实现了营销模式创新。而未来，元宇宙将为企业提供更广阔的平台和更具沉浸感的场景。例如，有些企业为了让用户享受到更优质的服务和更新奇的消费体验，选择召开虚拟发布会。

2022年6月，酱酒品牌厚工坊召开了"2022年厚工坊品牌战略升级暨新陈酿系列发布会"。此次发布会采用虚拟的形式，以"让优质酱酒走进生活"为主题，打破了空间与地域的限制。厚工坊采取创新、有趣的传播方式，打造了一场以元宇宙为核心的视觉盛宴。

与此同时，厚工坊引入人工智能、云计算、VR、AR等技术，搭建了一个虚拟场景，让用户享受到沉浸式的直播体验。在虚拟发布会上，虚拟数字品鉴官"厚今朝"以古风装扮惊艳亮相，虽然她的出场时间并不长，但很好地串联起了整个流程。

多家媒体以及厚工坊官方平台直播了此次虚拟发布会，观看人数高达115万。此次虚拟发布会在很多方面都极具创造性和创新性，例如将场地搬到虚拟空间中、"厚今朝"作为虚拟主持人与嘉宾互动等。

除了厚工坊外，顾家家居也召开了虚拟发布会，用极具颠覆性的虚拟场景传达产品理念。在虚拟发布会现场，梦立方床垫正式亮相，工作人员借助交互技术，为用户沉浸式地展现了床垫的应用场景，也让用户身临其境般地感受了床垫的品质与睡感。

通过厚工坊和顾家家居的案例，我们不难看出：元宇宙与营销相结合，能碰撞出奇妙的"火花"。利用元宇宙进行营销，可以实现多场景无缝转换，科技感十足，因此受到很多企业的欢迎。对于企业来说，融合了多种技术的虚拟发布会不仅可以为自己的品牌形象赋能，推动品牌形象进一步升级，也可以对自己的产品进行全方位展示，让用户获得沉浸式的体验，从而使产品吸引更多用户的关注。

随着元宇宙的火热发展，越来越多的企业对虚拟发布会这一营销方式更加关注。尤其在近两年，很多的发布会不适合线下举办，因此可以在线上异地召开的虚拟发布会更加受到企业的青睐。虚拟发布会打破了空间与地域的限制，给用户一种全新的视听感受，为企业带来了营销新局面，也让企业的数字化转型有了更多可能性，从而帮助企业与用户建立更多维度的连接。

三、 引进虚拟技术， 开发营销新模式

从表面上来看，AR、VR等技术好像离我们很远，但实际上，这些技术已经逐渐渗透进人们的生活中，为我们的生活提供便利。

2016年被认为是虚拟现实技术元年，也正是从这一年开始，虚拟

现实技术得到了重视，现在虚拟现实技术在企业营销中已经有了广泛的应用。在虚拟现实技术的帮助下，企业将获得更多潜在用户与商机。

某运动品牌推出女士运动鞋，并上线 AR 虚拟试鞋功能，以便更好地为用户提供试鞋体验。用户只要打开小程序，点击"3D 空间"，就可以查看鞋的 3D 模型，并进行一键试穿。而且用户只要滑动页面，就可以对鞋的样式、尺码、颜色等进行切换，并实时查看试鞋效果。通过引入 AR，即使用户正在走动，鞋的 3D 模型也可以贴合用户的脚。AR也将每双鞋的细节渲染得十分真实，确保用户的试鞋过程是足够流畅的。

某服装品牌推出 AR 试包滤镜，用户只需站在相机前，就能以虚拟的方式将不同的包背在身上。品牌还推出了"手势识别"功能，让用户可以在镜头前随意切换包的颜色和样式。这种极具智能感的试包方式极大地提高了用户的购物体验。

宜家推出名为"IKEA Studio"的 AR 应用，在这款 AR 应用上，用户可以看到自己的房间重新装修后的效果。用户打开这款 AR 应用，系统会自动识别家具的大小、形状和位置，并以此为基础构建一个完整的室内 3D 图；然后，系统会"抹"去之前的旧家具，在这个全新的"房间"里放上新家具。

如果不喜欢"IKEA Studio"提供的装修方案，用户还可以自己选择家具、配色方案、装饰物摆放位置，以及灯光色调、窗帘等。等用户设计好自己心仪的方案后，"IKEA Studio"就会生成 3D 图，让用户感受方案效果，用户也可以将方案效果分享给亲朋好友。

这些品牌都积极引入虚拟现实技术，探索更具现代感的营销模式。在企业的推动下，一场营销变革正在悄悄发生。虚拟现实技术从创新营销模式开始，逐渐重构整个营销体系。而企业则通过虚拟现实技术赢得用户的支持，再进一步扩大营销边界，获得更好发展。

第十章

体验式营销： 努力将体验做到极致

对于非常理智的用户来说，企业很难用天花乱坠的广告说服他们。企业可以推出体验式营销，通过打造极致体验让用户对产品爱不释手。

第一节 营销新思路： 从体验入手

体验式营销是一种营销思路，它强化了互动的作用，简化了一切不必要的营销形式，以用户为中心，通过有针对性地为用户提供产品体验，满足用户的需求，打消用户的顾虑。

一、 抓住用户的 "五感"

从企业的角度来看，产品的特征可以从形状、成分、功能、外观、成本等方面来概括。但大多数用户在看到一个产品后通常不会问"这款产品的成本是多少""原料是什么"等，而是会说"这个东西好漂亮""这款香水闻起来好香"等。

用户对一款产品的评价更多的是以自己的主观感受为依据。至于产品的成本是多少、设计人员花了多少心血去制作，用户则很少会关注。

由此可见，做体验式营销需要从用户的角度去考虑。"五感"是人们用来感受世界的，因此，企业可以抓住用户的"五感"，即从视觉、听觉、嗅觉、味觉、触觉五个方面去分析产品的特点，找到营销爆点。

企业在设计营销策略时，需要将自己想象成用户，考虑用户评价产品的角度。例如，一个火锅品牌的招牌菜是毛肚，那么企业如何通过"五感"分析毛肚的特征，找出其营销爆点呢？方法如图 10-1 所示。

五感	
视觉	产品的大小（大片）、形状（圆形）、颜色（黑色）、成分（牛胃）
听觉	生产工艺的呈现
嗅觉	闻起来无异味
味觉	无味（适合涮火锅）
触觉	吃起来很脆

图 10-1　用"五感"分析毛肚

如图 10-1 所示，这样可以清楚地看出毛肚吸引用户的特征。从视觉上，用户可以辨别出毛肚的外观，从而判断毛肚的新鲜程度、来源等；从触觉上，用户可以辨别出毛肚的口感。而其他"三感"则不会对用户有太大影响，所以这家火锅店应该注重宣传毛肚的外观和口感。

用户对体验的重视程度越来越高，基于"五感"为用户提供良好的体验是加深企业与用户之间联系的有效方式。案例中的火锅品牌用"五感"分析毛肚，找到毛肚的爆点，有利于提升毛肚的销量，同时也可以带动店内其他菜品的销量。

二、　拆解使用过程，　找到爆点

企业了解了用户的"五感"后，接下来要做的就是拆解产品的使用过程，找到产品的爆点，根据爆点有针对性地进行营销。通常产品的使用过程可以分为：使用前、使用中、使用后。拆解使用过程是企业很容易忽略的工作，因为企业往往都是从原料、制作工艺、外观等角度考虑产品的体验。例如，在火锅店内，毛肚这个产品的使用过程可以分为"服务员端菜上桌 – 准备动筷 – 夹到锅里涮 – 吃到嘴里 – 吃完"五个环节。

那么，如何从这些环节入手优化用户的体验呢？以该火锅品牌为例，其强调了"夹到锅里涮"这个环节，宣传"七上八下"的涮法，如图 10-2 所示。

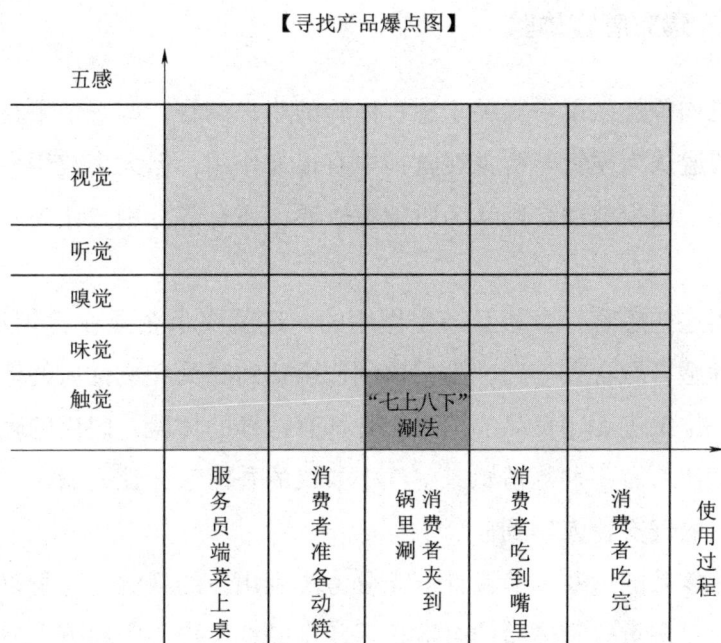

【寻找产品爆点图】

五感

视觉

听觉

嗅觉

味觉

触觉 　　　　"七上八下"涮法

服务员端菜上桌　消费者准备动筷　消费者夹到锅里涮　消费者吃到嘴里　消费者吃完　使用过程

图 10-2 "七上八下"涮法在"五感"图中的位置

品牌从触觉入手，通过改进涮毛肚的过程，既提升了用户的食用体验，又为用户营造了一种仪式感，促进用户主动分享、宣传品牌。其他企业要想达到这样的效果，应该先找出用户关注的重点，有针对性地提升用户的体验，从而在用户心中放大产品的价值。

第二节　如何实现体验式营销

体验既包括感官上的，也包括心理上的，因此企业进行体验式营销也要从建立感官体验、创造情感体验、引爆情绪体验三个方面入手。

一、　建立感官体验

某机构曾经做了一次关于感官体验的用户调查，调查结果显示：虽然用户普遍认为视觉与听觉在营销中有很大作用，但大多数用户认为视觉更重要，而少数用户则认为听觉更重要，还有部分用户认为嗅觉也非常重要。

其实这些感官是会相互产生作用的，这就要求企业在营销过程中，要将多种感官融合在一起，为用户创造全新的感受和更优质的体验。例如，每一位走进无印良品的用户也许都有这样的体验：门店的暖光灯和暖色装潢让人有一种舒适感，空气中淡淡的香薰气味让人愉悦，空气加湿器飘出的气雾让人感到惬意。

无印良品的这些细节设计都充分考虑到用户的视觉、嗅觉以及触觉等感官。对多重感官体验的打造让无印良品在用户心中留下了独特的印象，促使用户基于良好的体验自发地进行产品推广。那么，企业应该如何像无印良品这样融合五种感官为用户打造极致体验呢？

首先，企业要分析产品自身的特点，从而确定相得益彰的营销策略，最终为用户创造更愉快的体验。例如，某国际机场与香水制造商联合推出一场感官营销推广活动，打造了一款"香氛地球仪"，让嗅觉与视觉进行密切融合。这样的推广营销活动能够让人们产生美妙体验。

在活动现场，香氛地球仪与智能屏幕连接，只要智能屏幕上显示出一个国家的名字，香氛地球仪就会散发出相应的味道。当智能屏幕显示出中国时，人们就能闻到地球仪中传出的茉莉花的味道及特有的香料的味道；当智能屏幕显示出巴西时，咖啡、烟草的香味就扑鼻而来；当智能屏幕显示出南非时，人们就能够闻到草原特有的原始麝香。

不得不说，这样的设计既别出心裁，又极富创意，能够为人们营造出"品味世界"的温暖氛围，让人们产生一种独特的体验和联想。而且，这样的设计还能在无形中打动人们，让人们与品牌之间产生更亲密的互动，最终促使人们自发地进行产品推广和品牌宣传。

其次，企业要在明确产品特点与感官结合点的基础上，主动尝试调动用户的多个感官，让用户的体验更丰富。例如，咖啡品牌 Carte Noire 的甜点广告就能够有效地融合视觉与听觉要素，最终为用户呈现出一场多感官的"饕餮盛宴"。

相比于一人咬一口甜点、说一句"很美味"的简单广告，Carte Noire 的甜点广告能够打造用户的多感官体验。鲜艳的色泽能刺激用户的视觉；咀嚼食物的声音设计又能让用户食欲大增；活泼、有趣的背景音乐，能撩动用户那颗迫不及待去消费的心。

在初次观看广告时，用户会有极其深刻的听觉印象，因为每一则广告中都有牛奶滴答的声音、甜点加热膨胀的声音等。甜点制作过程中的每一种声音都被囊括在短片中。Carte Noire 通过微距镜头的极致捕捉、声音的准确记录、音乐的衬托，将每个细节的美都一览无余地展现出来。用户自然会自发地对 Carte Noire 的产品和品牌进行推广，为其带来更多用户，使其销售业绩不断提升。

最后，企业要找准发力点，用新奇的创意为用户带来极致的感官体验。例如，一家健身俱乐部策划了一场名为"做好准备，挥汗如雨"的创意感官营销活动。这场活动充分利用了用户的视觉与触觉进行多感官营销。

健身俱乐部选用了一款特别的杯子盛饮料。杯子上印有一个健身达人头像及俱乐部品牌的形象和联系信息，还有活动主题"做好准备，挥汗如雨"。在杯子中倒入饮料，短短几秒钟的时间，杯子就自动"出汗"，和锻炼时的挥汗如雨的效果相契合。

当用户拿起杯子喝饮料时，仿佛有一种锻炼之后"大汗淋漓"的感觉。健身俱乐部用出汗的形象和湿淋淋的触觉，加深用户对品牌的印象，激发他们前往俱乐部锻炼的欲望。这样的创意不仅新鲜、有趣，还可以让用户感到格外惊喜。试问，面对一款"挥汗如雨"的杯子，谁会不愿意去体验一下"流汗的感觉"呢？

二、 创造情感体验

如果产品能够为用户提供情感体验，那么就可以让用户很自然地受到感染，并进入特定的情境中。例如，在德芙的经典广告中，一个女孩甜蜜地依靠在男朋友的肩上，品尝着男朋友送给她的巧克力。这种爱情的甜蜜感影响着每一个观看广告的观众，让观众很想买一块巧克力来品尝一下。对于企业来说，创造情感体验的作用如图 10-3 所示。

提高用户的品牌忠诚度

营造更好的营销环境

助力企业战胜竞争对手

图 10-3　创造情感体验的作用

1. 营造更好的营销环境

随着情感消费时代的到来，用户在购物时更追求品位和美感。情感体验营销不仅重视企业和用户之间的买卖关系，更强调二者之间的情感交流。企业需要为用户营造一个温馨、和谐的营销环境，这对企业树立良好形象、销售产品是很重要的。

2. 提高用户的品牌忠诚度

在激烈的市场竞争下，是否有优秀的品牌已经成为影响企业竞争成败的重要因素。一个好的品牌能建立用户偏好，为企业吸引更多忠诚度高的用户。情感体验营销正是把用户对品牌的忠诚度建立在情感的基础上，满足用户在情感上的需求，从而使用户从心底认同和喜爱产品，最后成为"非该品牌不买"的忠实用户。

3. 助力企业战胜竞争对手

市场竞争的实质就是与同行争夺用户。争夺用户更重要的是实施情感式营销，即通过真诚的服务、尊重的态度，赢得用户的好感和信任。

产品之所以能够受到用户的青睐，一个很重要的原因是企业以用户的高满意度作为产品设计和开发的准则。换言之，产品中包含了企业对用户的一片"深情"，充分体现了以用户为核心的营销观念。产品的情感体验是通过产品的可靠、便利和舒适性来体现的。但企业在创造情感体验时切忌凭空想象、滥施情感，否则会适得其反，引起用户的反感。

三、 引爆情绪体验

每个用户都会有情绪，心情好了，情绪自然就高；心情不好，情绪就会低落。企业应该重视对用户进行情绪引导，想方设法引爆用户的情绪体验。当自己的情绪足够好时，用户就会更关注产品，其忠诚度得到大幅度提高。

那么，企业究竟应该如何引爆用户的情绪体验呢？企业可以从以下几个方面入手，如图 10-4 所示。

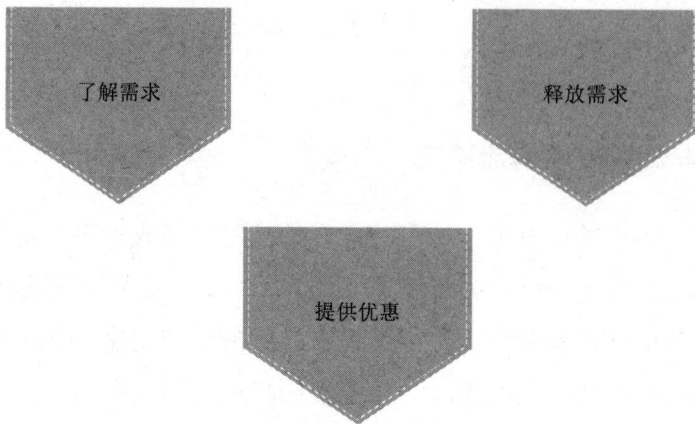

图 10-4   引爆用户的情绪体验的技巧

1. 了解需求

无论是对产品，还是对企业及其品牌，用户都会有需求，这个需求就可以成为引爆用户的情绪体验的法宝。企业必须重视用户的需求，充分了解用户对产品的意见，以及用户对服务的满意程度。这样不仅有利于引导用户的情绪，还可以树立一个负责任的品牌形象。良好的品牌形象一旦在用户心中"生根发芽"，产品的销售量和线上转化率都会节节攀升。

2. 释放需求

企业一旦了解了用户的需求，就要想方设法满足其需求，使其需求得到释放。例如，用户想要一款全面屏手机，那么企业就要对这一需求提起足够的重视。研发部门应该尽快研发出高质量的全面屏手机，然后营销部门再根据市场现状制定相应的营销策略。

3. 提供优惠

用户享受到优惠，那些不好情绪就会得到一定程度的安抚。现在优惠的形式多种多样，如拼团、砍价、满减、优惠券、折扣等。这些优惠会让用户有购买产品的动力。需要注意的是，这里所说的动力必须建立在产品之上，也就是说，产品的质量必须足够好。

　　体验式营销能否成功，在很大程度上取决于用户的情绪有没有得到正确引导。因此，在营销过程中，企业除了要了解市场和竞争对手的情况外，还要关注用户的情绪，给用户带来极致的情绪体验。

第十一章

三体营销： 搭建立体化全链路系统

三体营销指的是企业在营销过程中将生产者、销售者、用户的传统线性模式打破，让三者相互重叠、相互参与。这种营销方式可以让营销过程更流畅，更有利于打造爆品。

关于三体营销的关键问题

想要做好三体营销，企业需要明确三个关键问题，即：生产、销售、消费如何合而为一；三维经济模式被迫降级怎么办；是否需要对竞争者进行立体层面的"打击"。

一、 生产、 销售、 消费合而为一

在经营过程中，从产品的生产、销售到用户的消费是一个完整的链条，这个链条对企业的管理和产品的营销有着非常重要的作用。基本原理是生产决定消费，供给决定需求。产品只有生产出来，才能促进消费，才能够满足用户的需求，最终完成产品的整个生命周期。

但当移动互联网时代到来后，生产、销售、消费三者的关系发生了很大变化，它们之间的线性关系被打破。换言之，生产、销售、消费三大环节逐渐走向融合，开始合而为一。

在这种情况下，企业的商业规则也发生了变化。用户不再只是销售环节的主体，还参与到企业的产品研发过程中，与相关人员共同进行产品研发。这意味着，用户的角色发生了变化，他们在整个产品流通过程中由被动地接受产品转变为主动创造产品。

商业规则发生变化，再加上社群经济的出现和繁荣，使社群模式有了很大的发展空间。用户可以随时随地通过微信、微博等社交媒体表达自己的观点和看法，促进信息分享和传播。生产产品的企业可以根据用户的观点和看法设计并优化产品，而用户也能够以消费者的身份买到自己心仪的更高质量的产品。

社群经济的出现和发展依赖于粉丝效应，在产品的整个流通环节中，生产者、销售者、用户三者相互重叠、相互转化，最终形成三体合一。另外，去中心化、小众品牌、自组织、个性化定制的产品不断出现，形成了新的经济模式。

"罗辑思维""黑马会"等知名社群的产品的生产都是在社交的基础上进行的，即产品的生产由用户决定，用户可以真正参与到产品的生产过程中，并在产品的销售和消费过程中扮演重要角色。这样可以很好地实现生产、销售、消费三大环节的融合。

二、 三维经济模式被迫降级， 怎么办

在技术迅速发展的时代，产品、品牌、服务三者构成的三维世界受到影响，传统的三维经济模式被迫降级。在传统经济模式中，产品要想顺利到达用户手中，需要经历重重关卡，各级经销商也会层层剥利。正是因为如此，很多产品的价格居高不下。

但人工智能、云计算、大数据等技术可以减小时空差距，将产品生产、库存管理、售后服务等环节整合到一起。于是，以电商、直播带货为代表的新型经济模式获得了迅猛发展。新型模式必然会颠覆传统经济模式，企业的组织形态也会发生颠覆性的变化。

随着新型经济模式的应用和普及，产品成为最重要的维度。在降维打击下，企业应该如何打造爆品？关键点如图11-1所示。

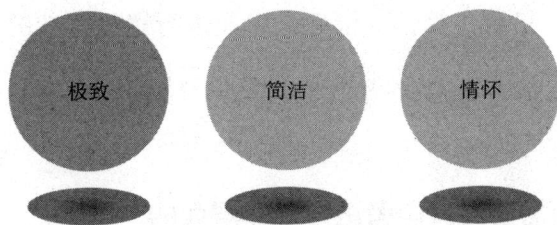

图 11-1　爆品打造秘诀

1. 极致

从商业角度来讲，买家与卖家之间的唯一连接点就是产品。企业如果可以用极致精神研发产品、用简约审美设计产品、用先进工艺生产产品，那么产品的质量一定很有保障。雷军对待产品的态度就可以用极致来形容，这也从侧面体现出小米公司对产品质量的严苛要求。

2. 简洁

极致与简洁是赢得用户的两大法宝，如果某款产品可以同时拥有这两大特征，那么这款产品必定是高品质产品。去除所有不必要的东西，只留下核心部分，是让产品更简洁的有效方法。同时，企业也要注重用户的消费体验和使用体验，从用户的角度思考问题。另外，简洁并不意味着简单，产品应该具备的功能和特性都必须齐全，不能为了使产品简洁而影响产品的功能。

3. 情怀

过去，产品与品牌挂钩，而今天，产品要与情怀匹配。拥有情怀的产品，才能拥有"灵魂"，才会让用户心甘情愿地买单。例如，iPhone是乔布斯集结了众多资源，打造的一款具有工匠精神的手机。这似乎与商业世界中追求速度与盈利的氛围格格不入。而正是这种格格不入，反而赋予了 iPhone 一种独特的情怀，使得众多用户愿意为这款产品买单。

综上所述，极致、简洁、情怀是企业进行爆品打造的关键点。面对不断变化的时代，企业要做到重视产品，以极致与简洁的理念为基础，让产品拥有情怀。

三、 是否需要对竞争者进行立体层面的 "打击"

在传统经济模式中，企业之间的竞争是一对一或多对多的二维对抗，但随着技术时代的到来，新型经济模式已经可以达到即使绕过生产与经营中的某个环节，也能够推动产品销售和推广的目的。新型经济模式发展正盛，未来将在产品营销中逐渐占据主导地位，发挥更重要的作用。

综观各大企业的营销策略，"烧钱模式"在近几年十分常见。以团购和外卖企业为例，饿了么、美团等一波接一波地开展优惠活动。虽然从表面上看，这些企业早期的投入和产出不成比例，但"烧钱模式"为其带来的潜在效果却是非常显著的。

这些企业在前期的营销中进行了大量投入，实现了用最短的时间打开产品知名度、增强用户黏性、迅速占领市场的效果。在烧钱大战后，成功生存下来的企业组成联盟，在行业中形成大势，并建立起完整的商业体系，为产品开拓了全新的市场。

宁德时代就是借助三体营销的典范。宁德时代目前有三大核心战略：在电化学储能领域布局，对可再生能源发电进行开发和研究；推出动力电池，进一步提高电池性能；对各领域的新能源替代过程进行电动化和智能化创新。宁德时代还与国家能源集团签署战略合作协议，双方在智慧能源建设、储能技术等方面达成了紧密合作。

在核心战略的指导下，宁德时代发展得越来越好。借助技术能力、产品质量、成本控制能力、打造联盟等方面的优势，宁德时代从众多竞争对手中脱颖而出，成为蔚来、理想汽车、上汽大众、吉利汽车等众多知名车企的主要供应商之一。

正所谓"好风凭借力，送我上青云"，宁德时代用了大约 10 年的时间进入全球动力电池领域的领先梯队。在这个过程中，宁德时代充分抓住了新能源汽车飞速发展、政策扶持等机遇，逐渐进化为一家市值超万亿元的行业巨头。

第二节　直播时代的三体营销大战一触即发

现在直播行业的发展势头高涨，企业可以借助直播和用户进行深度互动，并与用户建立强联系，这恰好与三体营销的深层逻辑相符合。因此，在直播时代到来之际，三体营销成为一个绝佳的营销策略，各企业之间的三体营销大战一触即发。

一、直播带货：优势明显的新销售模式

作为一种创新的模式，直播带货变革了电商销售模式，弥补了电商销售模式的不足。在电商销售模式下，用户从购物网站上获取的产品信息通常是不全面的，因此难以判断产品是否真正符合自己的需求。同时，电商的出现使得越来越多用户足不出户就能够买到各种产品，但也缺少了购物过程中的互动体验，而直播带货的出现则解决了这些问题。

在观看直播时，用户可以通过主播对产品的介绍及试用获得更全面的信息。同时，直播带货区别于传统电视购物"我说你听"的模式，能够实现主播与用户之间的实时互动，使用户获得更好的互动体验。那么，直播带货的优势具体体现在哪些方面呢？

首先，直播带货能够带给用户更好的购物体验。通过观看直播，用户可以了解到更全面的信息，明确产品功效及产品真实性，也可以随时与主播交流。例如，主播在为品牌带货时，会附带介绍企业的发展和成长背景。

主播会告诉用户一些与企业有关的信息，如规模大、质量的评价、为知名企业供货等。这使用户对品牌及产品有更深刻的印象。

其次，除了购物需求外，直播带货能够满足用户更多的需求。相比于电商销售模式，直播带货更具趣味性，同时也有极强的社交性。在观看直播、与主播互动的过程中，用户的娱乐需求及社交需求同样能够被满足。

最后，直播带货能够提升产品销量。在电商销售模式中，客服人员与用户进行一对一沟通，沟通效果与效率都难以保证。而在直播带货的过程中，主播能够随时为众多用户答疑解惑，这能够有效提高用户下单的效率，提升产品销量。

直播带货能够实现主播与用户的实时互动，这不仅优化了用户的购物体验，满足了用户多样的需求，也有效提高了产品销售的效率。

二、 "短视频＋直播" 打造营销闭环

现在直播已经成为企业销售产品的重要渠道，与此同时，短视频也是一个有效实现产品销售的渠道。这两种渠道互为补充，彼此加持，短视频负责"种草"，直播负责"拔草"。二者融合能够打造营销闭环，帮助企业更好地进行产品销售。

在营销过程中，短视频"种草"有助于用户对产品形成认知，能够对用户起到引导作用。企业通过多样化内容引导用户对产品产生情感认同，促进用户从"种草"向"拔草"转变。通过短视频"种草"观看直播的用户对主播销售的产品会有更高的认可度和更强烈的需求，从

而进一步提升销售转化率。那么，企业应该如何实现短视频"种草"+直播"拔草"呢？

在短视频"种草"阶段，企业需要思考以下几个问题。

（1）选择什么样的产品进行销售？产品的自身因素会影响"种草"的效果。在产品品类方面，服装类产品有天然优势，毕竟人人都需要穿衣服。但是在选择要销售的服装时，企业要保证服装的质量并明确服装的卖点。

（2）"种草"的对象是谁？"种草"的对象即产品的目标用户。企业要基于产品定位，分析产品的目标用户是哪些群体以及他们的痛点和痒点分别是什么。例如，某企业的主打产品是一款电子美容仪，其目标用户是 30～50 岁的成熟女性，她们的痛点是"找到一个可以让皮肤变好的产品"，痒点是"做颜值高、有成熟魅力的人"。了解目标用户的痛点和痒点后，企业才能够更有针对性地策划视频主题，制作"种草"视频。

（3）在哪里"种草"？企业需要选择合适的平台进行"种草"，如小红书、微博、抖音、快手、哔哩哔哩等都是适合进行短视频"种草"且拥有庞大流量的平台。

（4）用什么样的方法"种草"？为了达到更好的效果，企业需要掌握有效的"种草"方法，突出产品的卖点。例如，当产品是某明星同款时，企业需要在视频中突出"明星同款"这个卖点，从而吸引更多用户的关注和购买。

在直播"拔草"阶段，企业最需要思考如何提高直播的转化率。为此，企业需要做好以下两个方面的工作。

首先，在直播中突出产品优势。被短视频"种草"吸引而进入直播间的用户往往对产品已有了初步了解，其对产品是存在需求的。为了进一步激发用户的购物欲望，企业需要在直播中强调产品优势，如质量有保证、效果明显、生产工艺上乘等。如果产品与同类产品相比存在价格优势，那么企业也要将这种优势表现出来，以突出产品的性价比。

其次，适当地开展一些优惠活动能够有效地激发用户的购物欲望。企业可以在直播间发放一些产品优惠券，也可以开展分享有礼、满赠等活动，以福利活动促使用户消费。

总之，短视频"种草"与直播"拔草"的融合能够打造"引流 + 带货"营销闭环。短视频的精准引流能够提高直播的转化率。企业要想挖掘短视频和直播的流量红利，就要重视引流和流量商业转化，实现短视频"种草"与直播"拔草"的融合。

三、 虚拟主播上场， 放大营销潜力

虚拟主播自诞生以来，便一直被认为是技术创新的代名词。从网络平台到电视荧屏，再到电商直播，虚拟主播的应用场景不断拓展。而且我们不得不承认，与普通主播相比，虚拟主播具有不会生病、很少出错、可以 24 小时待岗、节省人力等优势。

也正因为如此，虚拟主播成为很多企业追捧的对象。例如淘宝直播曾进行了多场有虚拟偶像参与的带货直播，洛天依与知名主播携手直播的消息甚至一度登上微博热搜。虚拟主播的流量和带货能力完全不输真人主播，在很大程度上丰富了直播形式。

在直播领域的激烈竞争中，虚拟主播能聚焦消费能力强、追求新体验的年轻消费群体。此外，相比真人主播，虚拟主播更具稳定性和持续性，能够实现全天直播。现在很多企业都在孵化自有虚拟主播。例如，自然堂等品牌都推出了自己的虚拟主播，而且为了让其形象更加真实，企业还为虚拟主播取了名字，并打造了人设。

以虚拟主播 Stella 为例，Stella 活泼、可爱，会在真人主播下班后上岗，肩负起夜晚直播的重任。当有新的观众进入直播间，Stella 会愉快地和观众打招呼："欢迎宝宝，新来的宝宝帮我点个关注哦。"而在

直播中，Stella 也显得十分专业，她会详细介绍产品的功效、价格等，同时还会提醒观众关注优惠券、购物津贴等福利。

为什么这些企业开始青睐虚拟主播？因为很多企业的受众都是年轻用户，这些用户对虚拟主播有较高的认同度，同时夜间也是这些"熬夜党"高度活跃的时间段。虚拟主播能够发挥其不间断直播的优势，在真人主播下班后继续直播，以吸引活跃于夜间的用户。

虚拟主播的出现，为企业拉近自己与用户之间的距离提供了新观点和新思路，也让企业掌握了与用户深度互动的切入点。未来，虚拟主播也许可以在虚拟世界和现实世界之间穿梭，从而更好地为营销赋能，使企业的品牌和产品被更多用户了解和喜爱。

第三节　如何用好三体营销

面对多变的市场环境，企业如何通过把握好生产、销售、消费之间的关系，用三体营销打造爆品呢？这是一个非常值得思考的问题。

一、激发好奇心，促进高效转化

游戏平台利用玩家的好奇心将其吸引到游戏场景中，从而对其进行精准营销。游戏平台与输入法平台合作，巧妙地使用输入法的弹窗资源，向用户推荐一些好玩、有趣的高质量游戏，在用户心中留下了初步印象，也在一定程度上给用户带来新鲜感。正是因为有了这种新鲜感，用户就产生想要了解平台游戏的欲望，他们凭借脑海中的印象通过互联网进行相关搜索。这样平台就完成了从游戏信息获取到搜索相关信息的营销全过程。

用户在互联网上搜索游戏时，对游戏进行了更深入的了解，平台精准营销的目的也就达到了。平台通过对用户的行为进行分析和研究，能够找到潜在用户，之后再根据其喜好进行精准的广告投放，引导其进入官方网站，从而实现高效转化。

输入法对平台的宣传，使平台获得了精准的潜在用户，广告投放成本也有所降低。此举可谓是一举两得的营销策略。

在营销过程中，双方进行了强强联合，并深入揣摩用户的心理，对多项资源进行了整合和利用，将用户的好奇心充分调动起来，从而促进产品推广。这样不仅有利于产品的大规模传播，也推动了游戏行业的营销模式创新。

根据上述案例可知，企业可以将用户的好奇心作为突破口，找到产品的潜在用户，之后再利用搜索引擎，将其吸引到产品推广界面，使其对产品有所了解，从而迅速抢占其心，促使其转化。

二、 采取多入口策略， 全方位引流

在游戏平台营销中，多入口吸引用户也是一个效果显著的营销策略。随着网游越来越受关注，网游玩家规模变大、群体多样化，这对平台提出了挑战。由于越来越难判断究竟谁才是潜在用户，因此平台决定采取多入口吸引用户的营销策略。

平台通过对数据和用户的行为进行分析和研究，迅速地摸清了用户的行为意图，为用户推荐更符合其需求的产品。依托于多入口吸引用户的营销策略，平台与伙伴的合作范围扩大，做好了用户引流的准备工作。

在营销过程中，平台的广告投放范围覆盖了上亿用户，获得了显著的投放效果。平台采用的"兴趣引导＋海量曝光＋多入口策略"的三

体营销模式，使其获得了更多展示机会，进一步提升了曝光度。可以说，此次营销既节省成本，又十分有效。

三体营销打通了平台与用户之间的多项资源联系，使其在获得海量资源的同时，找到了产品的目标用户，提高了广告投放的精准度，优化了营销效果。当然，平台也提升了自身综合竞争力，获得了用户的支持和认可。

既然为用户提供多个入口，能够吸引更多用户，那么在使用多入口策略时，企业需要注意哪些方面呢？如图 11-2 所示。

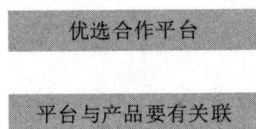

优选合作平台

平台与产品要有关联

图 11-2　使用多入口策略需要注意的两个方面

1. 优选合作平台

企业要想让营销实现预期效果，就要重视合作平台的选择。以手机 App 营销为例，企业首先要做的就是找好合作平台。具体来说，移动端 App 可供选择的平台有很多，如腾讯广点通、今日头条、优酷视频等。在为产品选择平台时，企业需要提前明确目标人群，找到性价比高的推广渠道，以获得更好的营销效果。

2. 平台与产品要有关联

在选择合作平台、实施多入口策略时，企业要瞄准那些与产品有关的平台，或者能够帮助产品进行推广的平台。这样才能将产品与平台紧密地联系起来，获得更显著的营销效果。以"啤酒和尿布"的营销案例为例，啤酒和尿布之所以会放在一起销售，是因为沃尔玛发现两者是有关联的。年轻爸爸在购买尿布时会顺便购买啤酒，这两件产品具有关联性，适合摆放在同一销售区域。同理，在选择合作平台时，企业需要弄清产品与平台之间的关系，如果生硬地将不相干的两者进行捆绑，那么对于双方都没有益处。

如果企业能够将产品与平台进行巧妙融合，使两者相辅相成，那么就能在很大程度上达成营销目标，而且还可以节省营销成本。在营销过程中，企业可以借鉴游戏平台的做法。

第十二章

衍生营销： 交叉推广也得选对姿势

随着物质基础越来越丰富，产品更新换代的速度也在不断加快。一款产品一旦走红，其跟风者、模仿者就会纷至沓来，挤压产品的生存空间。为了持续获得用户的关注，企业必须持续创新，以产品为核心研发衍生品，进一步提升品牌价值。

第一节　衍生营销之品牌延伸

品牌延伸是在主打产品实现成功的基础上，将主打产品的品牌应用在一款新产品上，从而提升新产品影响力和品牌价值的策略。品牌延伸得当，可以使新产品快速得到用户的认可，并提升企业的品牌形象，增加企业收益。

一、 为什么要进行品牌延伸

企业要维持品牌的长久发展，离不开不断研发产品。综观整个市场，几乎没有一家企业旗下只有一款产品，在拥有了一款产品后，企业就要想办法延伸其价值，开发出更多衍生品，即新产品，以便提升品牌价值。综合来看，品牌延伸主要有以下四个方面的优势。

1. 让用户迅速接受新产品

由主打产品衍生出来的新产品可以借助主打产品的影响力来提升自己的影响力，即把用户对主打产品的好感转移到新产品上，以降低用户对新产品的不信任感，从而使新产品在短时间内得到认可。例如，娃哈哈推出纯净水，用户没有因为这是一款新产品而拒绝购买，这是因为娃哈哈原本就是做饮料的，纯净水作为新产品并没有超出用户的认知。

还有安克（ANKER）创新以充电品类为核心，围绕该品类推出很多高质量的新产品，获得广大用户的认可。2021年以来，该企业借助在充电领域的深厚积累迅速推出多款移动储能新品，并于2022年上半年上线旗舰款Anker757（PowerHouse1229Wh），强势进入功率在500 W以上的移动储能市场。同时安克还推出了1 000 W等多种功率的移动储能产品，以满足消费者的差异化需求。

安克创新不断进行技术升级迭代，推出多样化的新产品，为用户提供更多充电方案，进一步加强用户对其充电领域佼佼者定位的认知。

2. 丰富品牌的内涵

品牌延伸可以给用户带来新鲜感，让用户感知到品牌的创新精神。例如，海尔从洗衣机拓展到冰箱、空调等产品，能让用户感受到海尔在不断进行自我创新。这不仅体现了海尔的品牌价值，还丰富了海尔的品牌内涵。

3. 激发和满足用户需求

品牌延伸能使产品更多元化，从而为用户提供更多选择。从某种意义上说，品牌延伸也是对市场的细分。对于用户而言，产品品类越齐全，选择空间就越大，潜在需求就有可能被激发，需求得到满足的概率也越高。

还以安克创新为例，安克创新围绕充电品类推出了多元化产品，如移动电源、充电器、数据线、蓝牙外设等，以便满足用户的差异化需求。

4. 减少企业推广成本

品牌延伸就像主打产品向自己的老朋友（用户）介绍自己的家人（新产品）一样，而作为老朋友的用户会更容易接受主打产品的"家人"。这对于企业来说，可以节省一大笔新产品推广费用。例如，蒙牛推出高端品牌特仑苏等子品牌，以及美的推出高科技适老化品牌美颐享，都很容易就被用户所接受，这无疑节省了大量的营销成本。

二、 如何进行品牌延伸

在品牌多元化发展的时代，定位对品牌形成独特差异具有重要作用。定位是品牌在用户心中的位置，好的定位会使品牌成为某类产品的代名词。例如，一提起红烧牛肉面，人们首先就会想到康师傅。康师傅在精准定位后，就进行了品牌延伸，相继推出矿泉水、饼干等产品。

但品牌延伸就像"跷跷板"，一头高了，另一头自然就低了。因此，一个品牌不能代表两种不同的产品，康师傅要想代表红烧牛肉面，就不能代表矿泉水、饼干。品牌延伸不能毫无章法，而是要符合以下两个原则，如图 12-1 所示。

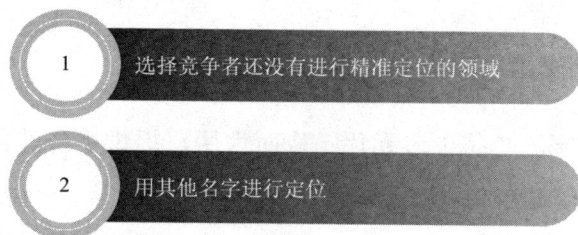

1	选择竞争者还没有进行精准定位的领域
2	用其他名字进行定位

图 12-1　品牌延伸的原则

1. 选择竞争者还没有进行精准定位的领域

品牌延伸的第一原则：选择竞争者还没有进行精准定位的领域。例如，在进行品牌延伸时，某些品类所在的领域没有一家企业进行了精准定位，没让用户产生某一品类产品等于某家企业的印象。苹果延伸的 iPod、iPhone、iPad 等产品就是因为这个原因才能大获成功。

2. 用其他名字进行定位

品牌延伸的第二原则：用其他名字进行定位。这样能很好地与原有产品形成区分。例如，"蚂蚁金服"、"荣耀"系列等，就是用换名字的方式弱化了"跷跷板"效应，避免用户对原有产品产生刻板印象，从而影响新产品的销售。

企业要记住一个道理：产品只是辅助，认知才是关键。品牌在用户心中的定位决定了用户对品牌认知，而这会直接影响品牌延伸的成功率。

第二节　衍生营销之大而全策略

除了开发新产品外，企业进行衍生营销还需要在其他方面做很多工作，包括完善资金链、与巨头联名、跨界创新等。

一、 做上市准备， 完善资金链

通过上市吸引资本是一种有效的营销手段。一旦企业选择上市，就能够在竞争激烈的市场中获得一定地位，从而提升品牌形象，扩大资本规模。

上市是企业发展到一定阶段的战略决策，企业通过上市可以获得大笔融资，并借助融得的资金有效地扩大经营范围，使自己做大、做强；另一方面，上市还可以提升企业的知名度和影响力，从而促进企业的品牌形象建设。

另外，企业在上市后，还能够使自身对银行贷款的依赖程度减轻，大大降低资产负债率。这样市场出现大幅度调整时，就没有那么容易出现资金短缺的情况。以万科集团为例，其在刚成立时，是以售卖饲料为主营业务，其规模和发展情况不能与现在同日而语。但在之后的时间里，万科集团抓住了上市的机会，通过上市获得了充足的资金和宝贵的发展机遇。

股市就像一个"放大镜"，一旦企业的制度或在某方面采取的措施有不妥之处，股市就会产生强烈反应。因此，在上市前，企业应完善资金链，做好上市准备，提高企业对自身管理漏洞的洞察和分析能力。此外，一旦顺利上市，企业就需要按照相关规定引进科学的管理方法，同时需要建立规范的管理体制和财务体制，从而有效提升企业的管理水平。

企业需要掌握上市的条件，明确注意事项，做好上市准备，为爆品打造奠定经济基础，帮助爆品抢占市场。

二、 推出联名产品， 提升影响力

推出联名产品，提升影响力是衍生营销的又一个常用方法。如果在营销过程中，企业可以与各行业的巨头合作推出联名产品，那么就能够在很大程度上提高知名度，帮助自己树立良好的品牌形象，促使产品成为市场上的爆品。现在比较常见的联名方式包括以下几种。

1. 同品类产品联名

一般来说，两种定位不同、风格迥异的产品进行联名营销，才能实现优势互补。而同品类产品联名，则会因为用户群体与渠道重叠，陷入内部竞争的误区。因此，如果同品类产品联名，那么就要打造全新的产品线，用有限的渠道做限量发售，尽力营造稀缺感与新鲜感。

2. IP 跨界联名

IP 跨界联名是目前比较常见的联名方式，企业借助知名 IP 的巨大粉丝量提高关注度，实现销量提升。在进行 IP 跨界联名时，企业要选择与自身定位相符的优质 IP，并在社交平台上持续输出优质内容，以便保持热度，给用户留下深刻印象，提升品牌形象。

3. 明星联名

明星也是一种 IP。与明星联名是一种成效显著的营销手段，企业借助明星的粉丝量能够实现销量突破，让品牌的定位与明星的人设融合，从而达到品牌形象优化的目的。但在代言、联名盛行的今日，只依靠明星代言的营销模式已经落伍，产品创意合伙型的联名代言正在成为新模式。

4. 设计师、艺术家联名

与知名设计师、艺术家联名也是突破品牌固有风格，增加品牌附加价值的重要手段。与特点鲜明的设计师、艺术家合作，企业可以打造新奇的产品形象，获得更大的溢价空间。另外，设计师、艺术家更为个性的产品表达，可以让产品在年轻人群中更具话题性与吸引力。

三、勇敢跨界，实现品牌新突破

如今，传统、单一的品牌策略已经逐渐落伍，企业要想提高名气，就必须进行多维度创新。而跨界营销便是达成此目的的一种方式。

在跨界营销越来越受欢迎的情况下，各企业都在尽力与其他企业建立联系，希望寻找与其他企业进行跨界联合的突破点，以实现产品创新与品牌新突破。

2021 年 6 月，美特斯邦威跨界游戏领域，与"王者荣耀"携手推出一系列联名服装，为追求时尚、展示个性的年轻人提供了表达潮酷态度的介质，也让年轻人看到美特斯邦威力争上游的决心。在此次跨界活动中，美特斯邦威凭借敏锐的嗅觉寻找到年轻人喜爱的元素，并将游戏IP、科技、流行运动等融合到产品中。广为年轻人熟知的峡谷英雄形象地展现在潮酷的衣服上。穿上这些衣服，人们仿佛穿越到峡谷战场中。

2022年6月，咖啡品牌MANNER与美容品牌赫莲娜进行跨界合作，携手推出了限量产品"一杯青回"抹茶冰激凌风味拿铁。为了推广产品，二者还共同创作了以《青春有问题》为名的主题短片，希望可以让更多用户感受青春态度。除了推出限量产品外，MANNER还将线下门店装饰成绿色，充分体现其品牌特点，也实现了高频曝光的目的。

2022年7月，喜茶宣布与热播电视剧《梦华录》合作，推出两款定制茶饮：梦华茶喜·点茶、紫苏·粉桃饮。这两款茶饮走的是低价路线，定价分别是19元和15元。同时，喜茶在线下设置了"喜·半遮面"主题店，并开展了快闪活动，凭借《梦华录》的高热度吸引了一大波流量。

跨界的本质是两种品牌文化的巧妙融合，是各企业之间的碰撞、融合与消费场景的拓展，从而产生"1+1＞2"的营销效果。上述案例成功的原因，其实就是在营销过程中进行勇敢跨界。由此可见，在进行产品营销时，企业如果能够使自己的产品与其他行业的巨头建立联系，充分利用巨头的超强影响力，那么就可以为产品的营销和推广提供很大帮助。